黄桥烧饼

主　编　泰兴市黄桥烧饼协会
　　　　江苏省黄桥烧饼研究院

执行主编　邵万宽　何　健

东南大学出版社
SOUTHEAST UNIVERSITY PRESS
·南京·

图书在版编目(CIP)数据

黄桥烧饼 / 泰兴市黄桥烧饼协会,江苏省黄桥烧饼研究院主编. — 南京：东南大学出版社,2024.1
 ISBN 978-7-5766-0980-6

Ⅰ.①黄… Ⅱ.①泰…②江… Ⅲ.①面食-非物质文化遗产-介绍-泰兴 Ⅳ.①G127.533

中国国家版本馆 CIP 数据核字(2023)第 223539 号

责任编辑：陈 佳 张丽萍　　责任校对：张万莹　　封面设计：毕 真
摄　　影：黄国建等　　　　　责任印制：周荣虎

黄桥烧饼
HUANGQIAO SHAOBING

主　　编	泰兴市黄桥烧饼协会　江苏省黄桥烧饼研究院
执行主编	邵万宽　何　健
出版发行	东南大学出版社
出 版 人	白云飞
社　　址	南京市四牌楼 2 号　邮编：210096　电话：025-83793330
网　　址	http://www.seupress.com
电子邮箱	press@seupress.com
经　　销	全国各地新华书店
印　　刷	南京凯德印刷有限公司
开　　本	700 mm×1 000 mm　1/16
印　　张	20.5
字　　数	323 千字
版　　次	2024 年 1 月第 1 版
印　　次	2024 年 1 月第 1 次印刷
书　　号	ISBN 978-7-5766-0980-6
定　　价	168.00 元

本社图书若有印装质量问题,请直接与营销部调换。电话(传真)：025-83791830

词作者 李增援

曲作者 章枚

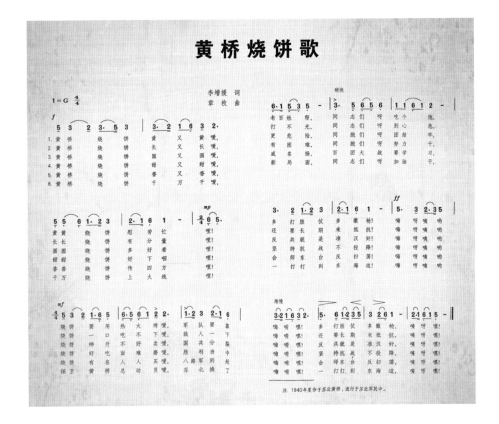

序

传统美食黄桥烧饼,至今已有千年历史。黄桥烧饼看似普通,小小的个头儿,酥酥的皮儿,在黄桥镇随处可见,是老百姓最日常的吃食。其实,黄桥烧饼非同寻常,它的背后是黄桥地区波澜壮阔、灿若星河的历史和文化。

一首《黄桥烧饼歌》唱遍大江南北,黄桥烧饼是"抗战之饼"。1940年抗战时期,陈毅元帅率新四军到苏北创建抗日根据地,在黄桥地区打了一仗,这就是著名的黄桥决战(黄桥战役),是新四军战史上以少胜多的辉煌战例。当年,黄桥人民日夜赶制烧饼送上前线,支援新四军将士们。此时诞生的《黄桥烧饼歌》,唱出了士气,唱出了浓浓的军民情谊。

新中国成立后,电影《黄桥决战》《东进序曲》在全国热映,顾寄南的散文《黄桥烧饼》曾被收录进中学语文课本,无论是电影,还是散文,都成为几代人心中的经典。黄桥和黄桥烧饼,在全国人民心中留下了难以磨灭的红色印记。

1949年,"开国第一宴"指定黄桥烧饼为国宴食品;1952年,毛泽东主席称赞道"黄桥烧饼好出名的";1972年,时任美国总统尼克松先生访华时,周恩来总理亲自敲定黄桥烧饼为接待点心；2001年始，黄桥烧饼在多届中国（江苏）国际餐饮博览会（简称"餐博会"）上荣获金奖；2003年，黄桥烧饼被中国烹饪协会评定为"中华名小吃"；2013年第十四届中国美食节上黄桥烧饼获"天下第一饼"美名。在泰兴政府和泰兴市餐饮行业协会、黄桥烧饼协会组织推动下，为更好宣传黄桥烧饼品牌，促进产业发展，从2013年第三届餐博会到2023年第十二届餐博会，连续十届，黄桥烧饼香飘中国（江苏）国际餐饮博览会。

如今，黄桥烧饼经数代人的传承和发展，由单一的烤饼发展为六大系列三十多个品种。黄桥烧饼的主要原料均为黄桥地区特有，其独特的土壤特性和气候环境造就了面粉、油料等产品的独特品质，使其被国家工商总局注册为国家"地理标志证明商标"。

黄桥烧饼，正带着黄桥人民的深情厚意走进大江南北，走向全世界。

（于学荣，江苏省餐饮行业协会会长）

目 录

古镇品牌与历史文化

历史文化名镇——黄桥 …………………………………… 003
黄桥古镇与烧饼飘香 ……………………………………… 007
烧饼与黄桥烧饼的历史探索 ……………………………… 012
黄桥烧饼 …………………………………………………… 019
黄桥烧饼好出名的（毛泽东赞语）……………………… 024
警卫队长的回忆 …………………………………………… 025
泰兴何氏祠檐下的荣耀
　——黄桥烧饼与黄桥何氏宗祠 ………………………… 027
圆月犹如家乡饼 …………………………………………… 031
红鼻子哥哥 ………………………………………………… 033
新四军黄桥战役纪念馆（老馆）………………………… 036
新四军黄桥战役纪念馆（新馆）………………………… 038
黄桥战役的特别功臣 ……………………………………… 041
《黄桥烧饼歌》：应运而生的拥军金曲 ………………… 045
《黄桥烧饼歌》背后的廉政思想 ………………………… 052

1

著名历史人物与黄桥烧饼的渊源 ·········· 057

历史人文故事 ·········· 061

知识链接：黄桥战役 ·········· 064

大师传承与品质特色

"烧饼大师"的拥军情
　　——记我的父亲刘润宝为新四军将士烙烧饼 ·········· 069

合心烧饼店 ·········· 073

荀义泰烧饼店 ·········· 077

师恩伴我行 ·········· 080

黄桥烧饼的"光彩之星" ·········· 088

黄桥烧饼入选"开国第一宴"菜单 ·········· 092

黄桥人引以为豪的烧饼 ·········· 094

黄桥烧饼内涵与发展 ·········· 097

无锡与黄桥烧饼 ·········· 100

我与黄桥烧饼的情结 ·········· 103

母亲手下的黄桥烧饼 ·········· 108

泰州早茶文化与黄桥烧饼 ·········· 114

苏式早茶中的黄桥烧饼 ·········· 118

黄桥烧饼
　　——中国之比萨 ·········· 121

黄桥烧饼与比萨之短长 ·········· 124

黄桥烧饼的制作特色与馅心开发 ·········· 126

黄桥烧饼食材的选用 ·········· 135

黄桥烧饼制作工艺流程 ·········· 138

黄桥烧饼制作标准 ·········· 148

黄桥烧饼花样多	154
锐意创新　不断研发新品种	158
相关诗词与书法	161

黄桥烧饼与产业发展

浅谈黄桥烧饼产业发展之道	171
情系黄桥，扬名天下	
——记"80后"大学生的创业路	174
协会引领　规范管理　提升品质	
——大力发展黄桥烧饼产业	178
抓好黄桥烧饼品牌质量和保护工作	182
技能比武强素质　业务提升筑匠心	185
全力推进黄桥烧饼行业工资集体协商	190
全方位宣传推介，放大品牌效应	194
泰兴市黄桥烧饼协会	198
黄桥烧饼协会大事记	202
中国·黄桥烧饼节	
——以节会友　以节造势　以节促产　以节促销	205
难忘黄桥烧饼节	216
"黄桥烧饼"证明商标使用管理规则	219
黄桥烧饼，证明商标魔力无穷	225
为黄桥烧饼品牌护航	230
黄桥烧饼名特优产品电商销售展洽会	233
左手传承　右手创新	235
黄桥烧饼飘香中国农民丰收节	240

黄桥烧饼，香飘中国
　　——记中国（江苏）国际餐饮博览会中的黄桥烧饼 ……… 245
多措并举抓培训，提高技能强产业 ……………………………… 249
院校交流剪影 ………………………………………………………… 253
寻味黄桥烧饼，传承红色基因
　　——记当代大学生的探索与实践 ………………………… 259
江苏好礼　舒心相伴 ………………………………………………… 267
知识链接：礼盒中的黄桥烧饼加热食用方法 ……………………… 269
江苏省黄桥烧饼研究院简介 ………………………………………… 271
"黄桥烧饼师"获得省级劳务品牌文旅类第一名 ………………… 274
跨江融合添机遇　结对共建促发展 ………………………………… 278
弘扬品牌文化　推进产业发展
　　——在首届中国烧饼文化节上的讲话（2023年4月28日）……… 280
黄桥烧饼　誉满天下（荣誉榜）…………………………………… 285
黄桥烧饼美名扬 各大媒体争相报道 ………………………………… 287
黄桥烧饼参展2023中国（南京）国际预制菜产业博览会 ………… 292
2023年黄桥祁巷民俗文化节 ………………………………………… 294
黄桥烧饼协会第五届理事会（2024—2028年）…………………… 298
一个迭变升级中的黄桥 ……………………………………………… 306
又唱《黄桥烧饼歌》二首 …………………………………………… 312

后记 ………………………………………………………………… 315

古镇品牌与历史文化

历史文化名镇——黄桥

黄桥，建镇于北宋神宗元丰年间（1078—1085 年），是一座具有悠久历史的千年古镇和丰厚底蕴的文化名镇，是苏中、苏北地区规模最大的城镇之一。黄桥地处长江北岸沃野千里的苏中平原，"东抵雉皋（如皋），西入城市（泰兴），南骥沙（靖江），北海陵（泰州）"，是"四县通衢"的交通要冲，水陆交通十分便捷。

在古代，黄桥叫黑松林，又名永丰里。北宋神宗元丰年间称永丰镇，距今已有近千年历史。元末明初因黄桥两端集市兴旺，遂以桥名，改永丰镇为黄桥镇。截至 2021 年，全镇总面积 176 平方公里，总人口 23 万人，镇区建成区面积 36 平方公里，常住人口 15 万人。

江北第一祠——何氏宗祠

丁文江故居

黄桥烧饼

古镇品牌与历史文化

古巷

黄桥历史上素有"北分淮倭,南接江潮"的水上枢纽之称,靖盐运河和如泰运河两条省级航道穿越镇区,分别从南、西方向汇入长江。334省道和229省道在镇区内交叉穿越,宁靖盐和京沪两条高速公路从黄桥擦境而过,新(沂)长(兴)铁路在黄桥设有客货编组站,北沿江高铁设立了黄桥站。

黄桥镇具有典型江北水乡特征,完整地保存着原有明、清和民国时期水乡古镇的风貌和格局。

老街巷

新四军黄桥战役革命烈士纪念塔

大香台

明清老街珠巷

以河成街，街桥相连，依河筑屋，水镇一体，形成水阁、桥梁、石板巷等独具江北韵味的建筑特色。

黄桥自古人文荟萃，商贸兴旺，是"中国历史文化名镇"，黄桥老街被评为"中国历史文化名街"。"黄桥烧饼制作技艺"被认定为省级非物质文化遗产保护项目。宋孝子顾昕为泰兴载入国史的第一人。明代，仅何氏一门就出了4名进士、10名举人、83名秀才，其他姓举人3名、秀才16人。清康熙朝，黄桥已成巨镇。

黄桥现有2300多间保留完好的成片明清建筑，尚存规模较大的明代建筑有何御史府、何

雕花门楼

古镇风貌

氏宗祠、余氏住宅、蔡氏住宅 4 处，以及少量的宋代建筑。现有古街巷 24 条、古寺庙 3 座、宗祠 7 座，还有大批唐宋明清石刻、木匾。目前有影响的文物古迹有工字楼、新四军第三纵队指挥部旧址、通如靖泰临时行政委员会旧址、御史府、将军府、何氏宗祠、福慧寺、宋顾孝子亭、黄桥战役革命烈士纪念塔、丁西林故居、粟裕同志墓、牛皋洗马池和"致富""文明"二桥等。宋孝子顾昕、明太仆寺少卿何棐、清音韵家何萱、辛亥元老朱履先、"中国现代地质学之父"丁文江、喜剧大师丁西林、著名生命科学家王德宝等都诞生于黄桥。黄桥又是陈毅、粟裕等老一辈无产阶级革命家指挥著名的黄桥战役之地，至今仍保留着不少革命历史遗迹遗址。近年来，每年前来黄桥旅游观光的中外游客超 180 万人次。新四军黄桥战役纪念馆为江苏省革命传统教育基地，并被国务院确定为全国红色旅游经典景区。

黄桥古镇与烧饼飘香

◎ 张建新

漫步黄桥古镇珠巷内,行走在青石板铺就的巷道上,映入眼帘的是清一色明清风格的青砖小瓦房,整个巷道浸透着古朴气息,仿佛在诉说着黄桥悠久的历史。巷道旁有不少制作和售卖黄桥烧饼的摊点,空气中飘散着

古镇街巷

黄桥烧饼

古镇品牌与历史文化

购买烧饼场景

黄桥烧饼的香味,闻着这香味,仿佛看到当年黄桥老百姓拥军支前的热烈场景,给黄桥烙上了红色古镇的印记。

黄桥古名永丰里,喻"永远丰裕"之意。南唐昇元元年(937年),永丰里属太平乡。北宋神宗熙宁年间,永丰里升为永丰镇,有"百川汇通,民利灌溉,土地饶沃,物产丰盛"之誉。明代,因此地河上有座黄桥,两侧商旅麇集,更名黄桥镇。

古镇黄桥是"四县通衢"的交通要冲。据史料记载,黄桥水路交通网系发达,河道纵横,沟通了苏南、苏北,因此,运布的、贩粮的、送陶瓷的各式货船南来北往,成就了黄桥商贸的繁华,也逐渐形成了米巷、布巷等集中专业买卖的兴旺格局。商贾云集、旅人如织的集镇应运而生,催生了早茶、早点文化,原料丰沛、制作简便、花式多样的黄桥烧饼便是商贾们的茶点之一。据《乾隆泰兴县志》记载,古镇一度商业十分繁荣,拥有旅馆、客栈100多家,饭馆20多家,大小茶馆10多家,浴室4家,书场4家,烧饼店60多家。

珠巷内有座何氏宗祠。宗祠解说员介绍说,何氏是泰兴望族,明清两代一门出了4位进士、10位举人、300多位秀才,名气最大的是何棐。何棐历任陕西道监察御史、江西按察司副使等职。何氏宗祠就是何氏后人为纪念何棐修建的。据资料记载,何氏宗祠原有房屋40余间,宗祠西侧有奉旨敕建的四牌楼一座。现已部分修复,从门厅、仪门、大厅内用料讲究的金丝楠木柱,到雕刻精美的山雾云、荷叶墩、梁柱彩绘等,足见其曾经的壮观辉煌,整体建筑与古街巷融为一体,凸显古意。何氏宗祠现已成为黄桥古镇的一个重要景点。值得一提的是,何氏家规十条令今人尊崇、受教,被中纪委收为家规典范案例。

说起何氏宗祠，其实它还有另一个名称，叫黄桥战役支前委员会。1940年黄桥战役期间，新四军根据党中央关于"向南巩固，向东作战，向北发展"的战略指示精神，渡江北上，东进黄桥，建立以黄桥为中心的抗日民主根据地。盘踞在此的鲁苏战区副总司令兼国民党江苏省主席韩德勤为首的顽固派势力，多次挑起事端，妄图消灭东进黄桥的新四军。新四军苏北指挥部指挥陈毅、副指挥粟裕被迫率部自卫还击，决定以黄桥为轴心，诱敌深入，打一场进攻性的防御战。

古镇小巷

在黄桥决战打响后，战士们在前线的干粮早已吃完了，还饿着肚子坚守在阵地上，黄桥老百姓闻讯就自发地为战士准备干粮，家家户户摊烧饼、做涨烧饼，一时间镇上桶炉通红，60多家烧饼店赶制黄桥烧

桶炉烤烧饼

饼，场景十分热烈，老百姓支前热情高涨。做好的烧饼由支前委员会组织专人收取，集中到何氏宗祠，当时老百姓做的烧饼，在何氏宗祠堆积了几个大囤子。支前民工冒着枪林弹雨，将一筐筐、一篮篮黄桥烧饼送上前沿阵地，解决了新四军6000左右将士一日三餐之虞。黄桥老百姓的热情支持，鼓舞了前方将士的士气，新四军指战员猛打、猛冲、猛追，以排山倒海之势追歼敌人、打击敌人，取得了歼灭顽军1.1万余人的胜利。新四军在黄桥

书写了我军战史上以少胜多的一个光辉范例。伴随黄桥决战的胜利，黄桥烧饼也一举成名，成为军民鱼水情的物证，注入了军民鱼水的深厚情谊。

黄桥烧饼出名，声播远扬为全国人民知晓，得益于一首战地歌曲《黄桥烧饼歌》。这首歌给黄桥烧饼赋予了更多精神、更深的情谊和更高的价值内涵，让黄桥烧饼的故事在更大范围、地域内不断传播，也让黄桥烧饼成为黄桥人的骄傲。

古镇街巷的人文故事彰显了黄桥历史的厚重，黄桥烧饼的传奇谱写了军民鱼水情的赞歌。飘出地界的黄桥烧饼香味，则书写了黄桥人民自强不息、不懈奋斗的新篇章。黄桥烧饼协会会长何健介绍，黄桥镇党委、政府十分重视黄桥烧饼的品牌价值和红色元素，着力做好烧饼文章，以饼为媒，举办"中国·黄桥烧饼节"，至目前已成功举办五届，招引了四面八方宾朋来黄桥做客、投资兴业，黄桥已成为泰兴的一块投资热土，黄桥工业园区跻身省级经济开发区。在历届镇党委、政府的努力下，如今黄桥已成为有名的中国历史文化名镇、江苏省扩权强镇试点镇、泰州市区域"重点小城市"。

黄桥烧饼飘出的香味，飘出了黄桥老百姓的殷实生活。如今，黄桥烧饼产业已成为黄桥的富民产业，其品牌价值也不断显现，黄桥烧饼融入古镇文旅产业，成为其中一个重要部分。来黄桥旅游的游客都要尝一尝黄桥烧饼，并将它作为伴手礼带回去与家人们分享。现在烧饼产业工人更加珍惜品牌给他们带来的荣誉和效益，黄桥烧饼传承人张天勇说，他们正以百般的努

烧饼制作——撒匀芝麻

力维护黄桥烧饼的声誉,在制作工艺上不断创新,在品牌质量上加以保护,把黄桥烧饼产业做大做强。黄桥烧饼成功注册登记为地理标志产品,黄桥烧饼人把小烧饼做成大产业,以烧饼的价值放大古镇的影响力,推动黄桥古镇与黄桥烧饼相互赋能,互相成就。他们正在奋斗着,努力着。

烧饼制作——装盘待烤

行走在黄桥古镇上,望着那古朴的街巷,看到那早市排着长队等待烧饼出炉的身影,闻着那街巷飘散的烧饼烤制出的香味,看着黄桥那些奋进的人们,我们期待着黄桥美好的明天。

【作者简介】

张建新,泰兴市历史文化研究会副会长兼秘书长。曾任泰兴市农业委员会副主任,泰兴市政协秘书长。

烧饼与黄桥烧饼的历史探索

◎ 邵万宽

烧饼,是我国自古以来的重要食品之一。汉代引进胡麻(即芝麻)、胡饼,北魏时期出现用芝麻制作的烧饼。从胡饼的拿来到烧饼的改进,再到黄桥烧饼的影响,历史的演化、民众的喜爱,使得用面粉做饼、芝麻助香、经过烘烤的烧饼花样繁多,源远流长。

一、烧饼的制作与演化

胡饼是汉代从西域经丝绸之路交流与引进而来的。胡饼制作的前提是有胡麻。胡麻,它不是中原地区的固有作物。汉代初期,社会发展,经济复苏,人民生活相对安定,汉武帝派张骞出使西域,从西北陆路出发,经过了大月氏、安息(今伊朗东北部)等地,带回了不少西域的可食物种,如葡萄、石榴、胡桃、大蒜、胡麻、胡豆、胡荽、胡葱、胡瓜(即黄瓜)、无花果等。许多胡物、胡食开始从西域引进到中原大地。

汉代饼食在国内普遍兴起,各种面食点心皆以"饼"名之。刘熙《释名·释饮食》中曰:"饼,并也,溲面使合并也,胡饼作之大漫沍也。亦言以胡麻著上也。蒸饼、汤饼、蝎饼、髓饼、金饼、索饼之属,皆随形而名之也。"此胡饼,即为炉烤的芝麻饼。东汉末年食用胡饼之风较盛,进入南北朝时期，烧饼的名称就已经出现了。《辞源》对"烧饼"的释义是："以米、面、细粉烘烤而成的饼食。"

最早出现烧饼文字的是北魏《齐民要术》，其中有详细的制作记述："面一斗，羊肉二斤，葱白一合，豉汁及盐，熬令熟，炙之，面当令起。"饼是入炉烘烤，用羊肉作馅。这是记载较早的烧饼方。唐代留下的饮食资料较少，也未见烧饼的字样，诗人白居易形容胡饼的"面脆油香新出炉"，也正是烧饼的特色。

宋代记载烧饼的资料开始多了起来。《梦粱录》卷十三中多次记载烧饼，有卖烧饼赶早市者，也有日午叫卖烧饼者，品种有普通烧饼，还有特殊的品种，如"糖蜜酥皮烧饼"。这是用糖、蜜和油脂一起制作的甜味烧饼，口感酥香甜蜜。《武林旧事》卷六所载的饼类有胡饼，还有"七色烧饼"等。虽然没有具体的制法，但从名称上能知晓其在选料上、花色上、技艺上应都有新的创意。

元代《居家必用事类全集》中记载了烧饼的制作："每面一斤，入油半两，炒盐一钱，冷水和溲，骨卢槌研开。鏊上煿得硬，煻火内烧熟极脆美。"与其一起记载的还有"酥蜜饼"，其特色鲜明，应类似于宋代的"糖蜜酥皮烧饼"。如："面十斤，蜜三两半。羊脂油春四夏六秋冬三两，猪脂油春半斤夏六两秋冬九两，溶开，倾蜜搅匀，浇入面溲和匀。取意印花样。入炉熬，纸衬底，慢火煿熟供。"《饮膳正要》中还记有"黑子儿烧饼"和"牛奶子烧饼"，这两者是分别用黑子儿、牛奶与酥油一起和面后制作的烧饼，不是做馅，而是做面皮。在面团中掺入辅料使烧饼嚼之更加酥香爽口。

进入明代，宋诩《宋氏养生部》中有烧饼的记载，其曰："用酵和面，缄豆沙或糖面，擀饼润以水，染以熟芝麻。俟酵肥，贴烘炉上自熟。"与此同时记载的还有"蜜酥饼"、"酥油饼"（即髓饼），除此之外，还有"糖酥饼""蜜和饼""糖面饼""复炉饼"等多种记载。这都是烧饼的种类。

清代烧饼的制作，在袁枚《随园食单》中有较具特色品种的记载："用松子、胡桃仁敲碎，加糖屑、脂油和面炙之，以两面黄为度，面加芝麻。

扣儿会做。面罗至四五次，则白如雪矣。须用两面锅，上下放火，得奶酥更佳。"袁枚特别强调了面粉的加工，将面粉过筛极细，白如雪，口感更加酥松。这是选料较讲究的烧饼。《调鼎集》中的烧饼为糖烧饼，其制作方法为："每白面二斤，饴糖、香油各四两，以热水化开，糖、油打面作饼外皮，又用纯油和面作酥，裹各种馅。"此烧饼已接近现代的制作，只是和面时加入了糖，使得烧饼更加酥脆甜香。对于市场上普通的烧饼那就更加简单了，许多是没有馅心，只是放点盐和葱花而已。如《老残游记》中的描写："园子里面，顶着篮子卖烧饼油条的有一二十个，都是为那不吃饭来的人买了充饥的。"其价格便宜，食之饱腹，百姓皆爱。

　　自胡麻、胡饼引进我国以后，人们从胡饼的制作中逐渐衍化出烧饼。上述不同时代的烧饼制作，可以看出它的制作发展状况。汉代至魏晋南北朝时期比较流行的烧饼是一种实面饼，不酥不松，有馅有味，撒上芝麻，用烤炉烤熟，面香味浓郁。随着时代的发展，烧饼的制作也在潜移默化地发生变化。宋代的烧饼已有多种款式，注重色彩的美观和口感的酥松。元代的烧饼已加入油脂及其辅助料，成熟方法也不局限于烤炉，可以鏊上煎或烙，也可以糠火内烧烤至熟。明代的烧饼已更加注重松酥，和面时必须加入"酵种"，馅心有豆沙、糖等多种甜味馅料。这些制作方法从早期的"髓饼""酥蜜饼"等中借鉴而来。清代的烧饼馅心已不断讲究起来，开始用松子、胡桃等作为馅心，强调面粉的质量，用糖、油和面，可烤、可煎，口感酥松而香。但不同时代的烧饼款式也是多种多样的，有有馅的，也有无馅的，有酥脆的，也有简易的，都是为了满足不同的客源需要。

　　中国的烧饼经过一千多年的变化发展，如今已"枝繁叶茂"，全国各地品种多样。就烤制的炉具而言主要有三种，一为贴炉（或称桶炉、坑炉），南方使用较多；一为吊炉，在北方比较流行；另一类即是烤箱，现在各地饭店企业普遍使用，制作方便而干净，但口感略有差异。目前国内有代表性的烧饼有泰兴黄桥烧饼、南京酥油烧饼、上海高桥烧饼、北京吊炉烧饼、山东周村烧饼、浙江缙云烧饼、徽州黄山烧饼等，特色品种还有朝牌烧饼、蟹壳黄烧饼等。各地制作方法也同中有异，但基本保持了传统的技艺：面上撒芝麻，加盐或加馅，面内或加油脂与酵母，面团需要擀叠后形成酥层或酥脆等。

二、黄桥烧饼的传扬

明清时期，烧饼的制作在民间已广为流传，各地根据自己的物产、本地人的需求，制作本地人喜爱的食品。民国以后，城镇乡村都有制作烧饼的摊贩，广大老百姓食用烧饼也是较普通的事。在泰州的地方史料中，当地制作烧饼的人很多。清末民初夏兆麐为泰州人，所撰《吴陵野纪》卷七中就曾记载本地的"大炉烧饼"："用炉烘烤，名为烧饼。小炉用炭烧，不若大炉用草烧者其味较香，馅用酥与豆糖及葱油之类。"现在"大炉烧饼"在泰兴一带还有店家在如此烧制，只是由"草"改为"炭"了，食用者每天络绎不绝。

泰兴市黄桥古镇由于本地的土壤环境和农作物状况，当地人擅长做烧饼，也爱吃烧饼。当地与周边地区地理条件不同，这里的土壤条件不如周边地区肥沃，大面积沙土、高地，长不了稻米，主要以元麦、小麦、玉米、芝麻种植为主。一直以来，生活在苏中地区却没有大米吃，人们只有吃面食，吃元麦糁子粥，吃玉米、胡萝卜、山芋等，使得当地许多老百姓主食比较另类，只能靠麦子和杂粮维持生计。但黄桥人比较勤劳，家家养猪，每家一年养几头猪，人们养猪也爱猪，猪吃的与人吃的食物一样，胡萝卜、山芋、玉米杂粮也是猪的主食，当地人也靠养猪发家致富。猪油是当地人的主要油料。在黄桥人的眼里，猪就是宝贝，每当家养的猪生病，他们像对待自家的小孩一样重视，精心为其看病治病，所以当地人对猪也是备加呵护。在这里，家家养猪，人人养猪，猪就是黄桥人的生活来源和经济基础。

黄桥烧饼

古镇品牌与历史文化

当地百姓以黄桥烧饼慰劳新四军

桶炉与烤熟的烧饼

　　黄桥古镇人以种植元麦、小麦为主要食粮,丘陵地上种植的芝麻可充分利用,生猪养殖多,猪油是日常生活中必不可少的食料,这些都是当地人制作烧饼的好素材。猪肉制成的肉松成为烧饼的最主要馅料,猪板油熬制后的油渣是其他馅料中最主要的辅料。庄稼的种植和家畜的饲养正是烧饼制作的源泉,本地特产元麦,制成籽粒、磨成粉后被称为"粿子",煮成红色或浅褐色的粿子粥,香味浓郁,口感上佳,是食用黄桥烧饼的绝配。黄桥烧饼在民国时期就流行于苏北与沪宁线一带,扬州、南京、上海等地均有出售。1939年,新四军东进开辟抗日根据地,在名闻中外的黄桥战役中,黄桥的商家因战争而停业,但烧饼业却能坚持日夜做饼,慰劳新四军抗日部队。

　　黄桥烧饼的全国闻名,产生于军民鱼水情的黄桥保卫战之时。那一仗,我新四军苏北指挥部在陈毅、粟裕的领导下,以不足1万兵力,打败了韩德勤号称10万人马的进攻,战果十分辉煌。而战斗中,黄桥民众为了让新四军吃得饱,还争先恐后地送茶送饭支援前线将士。黄桥镇上家家磨面、烧水、和面,赶制本地有名的土特产黄桥烧饼,黄桥镇上60多家烧饼店、12家磨坊的工人,夜以继日地为前线烘制烧饼。一时间男女老幼推车、挑担、肩扛,经大道、抄小路,从四面八方为前线新四军将士送烧饼,奏响了一曲人民战争的胜利凯歌。

当时流传着一支群众喜爱的《黄桥烧饼歌》:"黄桥烧饼黄又黄嗳,黄黄烧饼慰劳忙哩!烧饼要用热火烤嗳,军队要靠老百姓帮。同志们呀吃个饱,多打胜仗多缴枪……"从此黄桥烧饼在黄桥历史上添上了光荣的一页。1949年,名小吃黄桥烧饼被选入开国大典国宴。1950年,在扬州举行的土特产交流大会上,黄桥烧饼又风行一时,不少与会代表还把它带到全国各地。因此,黄桥烧饼名声更广了。黄桥烧饼饼色嫩黄,饼酥一层层,一触即落,上口酥松不腻。展销的品种馅料有蟹黄、虾仁、火腿、枣泥、细沙、雪里蕻、豆苗、干菜、香蕈、蘑菇、糖油、肉松、五仁等等,味各不同。黄桥烧饼从黄桥走到全国各地,成为全国家喻户晓的特色产品,深受各地人民欢迎。2009年6月,"黄桥烧饼制作技艺"申报江苏省非物质文化遗产,获得省政府的批准。

黄桥烧饼

制作黄桥烧饼

黄桥烧饼名声大振不仅仅是因为黄桥决战,也源于黄桥人制作烧饼的原料、技艺和当地的民俗风情。在黄桥有正月十三挂高灯(即上灯),正月十八下灯,以及"高灯圆子落灯面"之说。在高灯日,各家烧饼店铺都开始忙着"打烧饼",每年都举行烧饼开炉仪式,这一天,当地老百姓都会排队等吃第一炉的烧饼，这已经成为本地每年一度的特色风景。从地域、土壤和经济作物、社会环境多方面来看，黄桥人做烧饼是合乎情理的自由选择。是自然条件和社会条件孕育了黄桥烧饼的发生、发展，是黄桥决战使黄桥烧饼传播、传扬，是良好的食物原料铸造的烧饼品质使黄桥烧饼成为国人喜爱的名特食品。

【作者简介】

邵万宽，南京旅游职业学院教授、烹饪文化研究所所长，中国餐饮文化大师，文化和旅游部国家级非物质文化遗产名录评审专家，江苏省人力资源和社会保障厅专业技术资格评审专家，江苏省教育厅职业院校技能大赛中职烹饪赛项专家组组长。出版著作和规划教材共46本，发表论文150余篇，代表著作有：《江苏美食文脉》《食之道：中国人吃的真谛》《中国美食设计与创新》《中国面点文化》《〈金瓶梅〉饮食大观》《现代餐饮经营创新》《现代烹饪与厨艺秘笈》《中华面点文化概论》等。

黄桥烧饼

◎ 顾寄南

黄桥是苏北平原上的一个镇子,早先并不怎么出名。自从1940年陈毅和粟裕同志率领新四军从江南挺进苏中,在这里胜利地指挥了黄桥保卫战以后,这个小镇,连同黄桥烧饼和《黄桥烧饼歌》才出了名。

那时候,日本侵略者的魔爪伸到了苏北。腐败的国民党军一路溃逃,一路抢劫。在苏北流传着一首民歌,强烈地表达了群众对国民党反动派的愤恨:"天上有个扫帚星,地下有个韩德勤,放着鬼子他不打,专门欺负老百姓。"韩德勤是当时的国民党江苏省主席,是个反共摩擦专家。1940年10月间,他纠集了一万五千人,进攻新四军苏北指挥部所在地黄桥。他狂妄地扬言,要把新四军赶到长江里去喝水。

陈毅同志决定在黄桥狠狠地教训国民党顽固派,打开苏北抗日的新局面。黄桥人民意气风发地配合新四军作战。那时候,抗日根据地初创,人民的生活还相当艰苦。但是,为了抗日保家乡,为了子弟兵吃饱肚子打胜仗,黄桥人民家家赶做烧饼,支援子弟兵。

在珠巷支前委员会,白发苍苍的贫农张奶奶拎来了粞子野菜饼,她生怕冷了,就在饭碗下面铺上麦秸,上面盖上棉衣。工作人员小王激动地指着堆满十多间屋子的各种食品说:"张奶奶,你这是送第五趟了,留着自己吃吧!"张奶奶揩去眼里的泪花说:"孩子,一家人不说两家子话,我儿子前天参了军,也在陈司令部队里,收下吧!等胜利了,奶奶请你们吃夹肉饼。""不!"小王哽咽着解释,"陈司令说,群众生活相当艰苦,不能再收了!"

新四军东进黄桥①

"收下吧!就送这一次了!"陆续到来的群众纷纷请求。"不,不能啊!"小王激动地哭起来。结果,张奶奶就带领群众冒着枪林弹雨直接把烧饼送到了前线。

那天中午,忽然传来消息:敌顽离黄桥东边的小二房庄只有三四里了。战士们丢下饭碗就走。怎能叫战士们饿着肚子打仗呢?于是,姑娘、媳妇、老人、小孩都赶到东大街,一双双手向跑步增援前线的战士递烧饼,这个送两块方饼,那个塞三片涨烧饼……随后,又提着水,挎着烧饼篮,跟着支前队冲上前线。

就这样,迎着枪林弹雨,《黄桥烧饼歌》诞生了。而且随着黄桥保卫战的胜利,随着国民党八十九军军长李守维淹死在挖尺沟,随着满天飞舞的

---

① 图片来自新四军黄桥战役纪念馆。

胜利红旗,《黄桥烧饼歌》唱遍了江淮河汉,唱遍了华东根据地。

> 黄桥烧饼黄又黄哎,
> 黄黄的烧饼慰劳忙哎,
> 烧饼要用炉火烤哎,
> 新四军要靠老百姓帮。
> 同志们呀吃个饱,
> 多打胜仗多缴枪。
> 哎嘿哎嘿噫哎嘿,
> 多打胜仗多缴枪,噫呀嘿!

新中国成立后,黄桥的人们继续唱《黄桥烧饼歌》。唱起它,老战士不减当年勇,发扬革命传统,争取更大光荣;唱起它,新一代不忘掘井人;唱起它,人们更加怀念陈毅同志和老一辈无产阶级革命家的不朽功勋。黄桥镇上,许多家都一直珍藏着从报纸上、画报上剪下来的陈毅同志的相片。

1972年1月6日,我们敬爱的陈毅同志与世长辞了。噩耗传来,黄桥人民一下子沉浸在巨大的悲痛之中。哀乐未停,人们就含着泪水唱起了《黄桥烧饼歌》。这天,几乎家家调面,户户做涨烧饼,做着做着,止不住的泪珠扑簌簌地朝下滚。黄桥人民知道,陈总最喜欢吃我们黄桥的涨烧饼,"大跃进"期间,我们请去北京参加群英会的代表带去一些黄桥的土特产,陈总只收下了两个涨烧饼,并说:向黄桥人民问好。同时,亲笔为黄桥本地的报纸《黄桥大众》题了刊头。

这天,在黄桥文化馆——当年的珠巷支前委员会所在地,络绎不绝的人们越聚越多。屋在人去,睹物伤情,满屋子的人都放声痛哭起来。人们含着眼泪讲述:当年陈总在黄桥做了个报告,当场就有一大半青年参加了新四军。霎时,人们眼前似乎出现了陈毅同志那叱咤风云的形象,耳畔仿佛响起他那铿锵有力的声音。

黄桥烧饼

古镇品牌与历史文化

人们记起：黄桥保卫战打响以后，有位开明士绅觉得胜负难料，心中无底，到指挥部去见陈毅司令。陈司令见他心神不宁，朗声大笑，请他坐下来下棋。中间写了一张条子，叫通讯员送往前线。那位先生一看，上写："叫各连多准备五大锅子饭。"他疑惑不解。陈毅同志告诉他，这是准备给俘虏吃的。一局棋罢，俘虏押下来了。战后，这位老先生逢人便说：陈司令成竹在胸，指挥若定，真是个了不起的军事家！

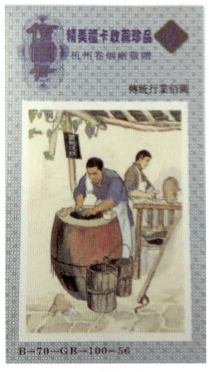

杭州卷烟厂1999年印制的传统行业百图之《黄桥烧饼》（正、背面）

人们回忆着，讲述着，情不自禁地又哼起了《黄桥烧饼歌》，仿佛又回到了战火纷飞的1940年10月。当"四人帮"向陈毅等老一辈无产阶级革命家大泼污水的时候，黄桥人民眼中喷火：你泼吧！我们心中的陈总的光辉形象，你永远泼不黑！

现在，春回大地，万象更新，毛主席的伟大旗帜高高飘扬。英雄的黄桥人民又拿出了当年打李守维的那股劲，深揭狠批"四人帮"，大干快上向前闯。原先的指挥部,现在的东进中学,书声琅琅,老龙河畔,厂房巍峨,烟囱耸立,昔日旧战壕,今日新战场,汇成了"工业学大庆"的壮丽诗篇;挖尺沟两岸,红旗招展,稻海金碧,支农大军正和贫下中农一道战天斗地,为一年建成大寨县挥汗苦战。老根据地人民当年能把李守维淹死在挖尺沟内,今天一定能把"四人帮"破坏造成的损失夺回来。人们用《黄桥烧饼歌》的曲调填上新词,欢快地唱起来:

  黄桥烧饼黄又黄哎,
  黄黄的烧饼慰劳忙哎,
  一曲黄桥烧饼歌哎,
  今天唱来更激昂。
  ……………

抚今思昔,人们纷纷说:要是陈毅同志还健在的话,一定会和我们一起欢呼:

  万里江山今谁属,
  红旗十月满天飞!

(有删改)

【作者简介】

顾寄南,江苏泰兴黄桥人,出生于 1945 年。泰兴市作家协会主席,泰州市作家协会副主席,泰州市政协委员。历年来,创作发表 200 多万字作品,著有小说《鬼子六熏烧》,散文集《黄桥老家》《黄桥漫步》,散文《乡井土》《南京奶奶》《望飞机哟》《粟总墓前敬个礼》。曾获全国报纸副刊好作品奖和江苏省优秀散文奖。本文《黄桥烧饼》原载于 1977 年 8 月 3 日《人民日报》,1978 年入选全国中学语文统编教材第三册和军事院校教材。

黄桥烧饼好出名的（毛泽东赞语）

1952年，毛泽东主席在中南海品尝黄桥烧饼时，边吃边对身旁的卫士长陈长江同志盛赞道：

黄桥烧饼好出名的

警卫队长的回忆

陈长江，1931年9月12日出生在江苏省海安县（今南通市海安市）章郭乡东闸沟村。自11岁起就给地主做长工，1946年8月参加新四军，到海安县独立团特务连担任侦察员，后在独立团直属情报站担任情报员，于1948年底返回独立团特务连继续担任侦察员。1950年被选调至北京中央警卫团（8341部队）。1951年开始进入中南海，历任警卫员、分队长、区队长、中队长、副大队长、副师职参谋等。保卫毛主席27年，是新中国成立后历时最久的警卫队长。多次领命回农村调查，有时直接向毛主席汇报，受到毛主席表扬：你忠诚、老实，反映情况可靠。

陈长江回忆：那是1952年4月的一个上午，大约10点。毛主席工作了一个通宵出来散步，看见了我。不知道是初见觉得新奇，还是我的哪些特征引起了他的注意，他迈着稳健的步伐朝我走来，"你是哪里人？"毛主席在我面前停下，微笑着问。"我是……"我刚开口，话还没有说出来，毛主席摆一摆手，示意我不要往下说了。他说："听出来了，听出来了。"主席面带喜色地向我一笑说："你是苏北如皋、海安一带的人，对吧？""是的。"我惊异于主席的听力和判断力，忙说："我是海安人。"

"噢。"毛主席若有所思地说，"你们那个地方，抗战时期、解放战争时期，都打过不少的仗啊。解放战争开始时，粟裕指挥华中野战军七战七捷，歼敌五万，打退了敌人的进攻。"主席稍作停顿，又说："陈毅同志和黄桥的顽固派，有打有拉的，统一战线工作做得好啊，你知道吗？""黄桥烧饼好出名的，它支援了我们的人民军队，黄桥人民是有功的。"

泰兴何氏祠檐下的荣耀

——黄桥烧饼与黄桥何氏宗祠

◎ 何正元

黄桥烧饼作为一种面食,究竟始于何时,不得而考。但在长期的饮食实践中,黄桥人能把烧饼制作得如此精美,品种繁多,面脆里酥,香软可口,实属罕见,这是黄桥人民几百年乃至上千年以来智慧的结晶。

何氏宗祠大门

黄桥烧饼

古镇品牌与历史文化

何氏宗祠内景

黄桥人民运送烧饼①

黄桥属高沙土垛田地区，以前农作物耕种长期以玉米、高粱、谷子、"三麦"为主要品种，怎样让百姓的生活在这些五谷杂粮中过得更精致，黄桥地区的面点师们可是动了不少脑筋，他们在制作工艺、面粉选材、佐料配制上都做到了极致。1940年10月，黄桥战役打响，黄桥人民便把这极致的食品送上战场，为夺得黄桥决战的胜利提供了有力保障。从此，黄桥人日常食用的烧饼，随着一首战地歌曲《黄桥烧饼

---

① 本书中所有历史资料图片均由新四军黄桥战役纪念馆提供。

歌》名扬四海，功垂千秋。殊不知，这一功勋与黄桥的何氏宗祠也是密不可分的。

泰兴何氏源自庐江，徙自常州。南宋年间，因屡遭兵患之灾，何氏避居黄桥，以耕读为业，以儒学传家，行善积德，睦邻孝悌，遂为泰兴鼎族。明清两朝，泰兴何氏出了四进士、十举人、三十二贡生、三百多秀才，三十五人享受皇封，其中十二人为大夫、骑尉，两人官至三品，入祀名宦祠乡贤祠。簪缨接踵，印累累，绶若若，在泰兴享有"头顶何字值千金"之美誉！清朝宰相张玉书也题泰兴何氏为"江左甲族"！

"头顶何字值千金"不是说的何家钱财，而是说的何氏家族的文化、何氏族人的品行、何氏家族的社会地位和责任。

推车

推磨

顺治七年（1650年），泰兴何氏后裔为传承好的家规、家教、家风，将太仆寺少卿何棐老宅改建成祠，作为何氏家族文化的传承中心，迄今已370多年，而祠中的建筑何棐宅第，已近600年历史。

1940年7月，当新四军挺进苏北，建立以黄桥为中心的抗日根据地，时任宗祠祠管的何迪三、何卓甫等人议定，将祠内神主请出，供奉于御史府藏书楼中，腾出宗祠给新四军使用，支持新四军"东进"。当时新四军在此设置支前委员会，负责前线士兵的着装、粮食、器具等等一应战时物资的供应。

同年10月，在陈毅、粟裕等直接指挥下的黄桥战役打响，为保证新四

烧饼烤制所用的桶炉

军将士能在战场上不饿着肚子作战,黄桥镇各家磨坊赶制面粉,60多家烧饼铺,还有周围乡村的农户日夜赶制各种烧饼,然后冒着生命危险,把烧饼送到何氏宗祠,由支前委派送至前沿阵地,谱写了一曲军爱民、民拥军的壮丽赞歌。时隔30余年,即1975年5月,粟裕将军重返黄桥,黄桥人民仍用黄桥烧饼盛情款待他,这位曾在黄桥的土地上驰骋沙场的将军,手捧着烧饼激动地说:"感谢黄桥人民当年对我们的支持,感谢何氏族人为我们提供了一个好的支前场所。从黄桥烧饼我们看到了军民的鱼水深情,我们要继续发扬革命传统,争取更大光荣。"

泰兴何氏宗祠位于黄桥镇珠巷114号,现已成为全国文保单位。它是泰兴何氏香火的延续,是泰兴何氏家风传承不变的载体,也是黄桥历史文化名镇一张内涵丰厚的名片。

【作者简介】

何正元,中华炎黄文化研究会世界何姓文化委员会文史专员,江苏何氏宗亲联谊总会秘书长,泰兴市何氏宗祠文化研究会秘书长。

圆月犹如家乡饼

◎ 周新天

农历八月十五,没说的,佳节无疑。月到中秋分外明,此时最宜吃饼,圆圆的饼与圆圆的月相互辉映,食饼赏月,此乐何极!

我们苏中地区,也就是黄桥战役和苏中"七战七捷"的发生地,乡亲们也吃饼,吃涨烧饼、小烧饼和月饼。

"涨烧饼"既是一个名词,专指一种体积庞大,三四斤、四五斤乃至五六斤、七八斤重的酵面饼,是名气很大的黄桥烧饼中的一种,又是一句话,说的是把酵面烘烤涨发,膨大成为食品的过程。中秋节前几天,在家乡,常听到母亲们互相问答:"涨了没有?""涨了,你家呢?""涨了,早涨了。"

这里的"涨",实际上是"烘烤使其涨"的意思,同时也是一种祝愿,愿我们的生活水

黄桥烧饼博物馆

平天天涨，月月涨，年年涨。

涨烧饼外形酷似不明飞行物"飞碟"，两面焦黄坚硬，切开后，里面洁白多孔，松软芳香。小孩子最喜欢吃表层的硬壳，营养丰富，越嚼越香。

那时候，在涨烧饼这个"粗大汉"面前，小烧饼（即如今市面上的黄桥烧饼）就是娇小姐，至于月饼呢，简直就是高高在上的公主。我们小时候，很少有哪个伙伴，能够一次独自享用一个完整的月饼。月饼比普通烧饼贵得多，不光要钱，还要粮票，尤其不合理的是，一斤粮票只能买四个月饼。而在平时，一斤粮票能买一斤挂面，可以煮出满满三碗或者浅浅四碗面条！在此前提下，月饼就显得格外贵重，通常是兄弟姐妹共同来分享一个切开的月饼。分得月饼之后，各人小心地托在手心，慢慢品尝，连一点碎屑也不会掉下。月饼极甜，极油。在过去，月饼是稀少的，却是安全、卫生的。

今天的我们，只是例行公事一般互送月饼，吃得并不多。我们有正当的理由：月饼太甜，太油，营养太好，热量太高，对健康不利。

不过，黄桥烧饼，还有家乡的涨烧饼，却一直风行至今，既在唇齿间留芳，更在记忆里流芳，在红色史册上流芳。

【作者简介】

周新天，泰州市作协副主席、泰兴市作协主席，著有长篇小说《特别夏令营》、中篇小说集《花姑溪》等。

红鼻子哥哥

◎ 刘鹏凯

在黄桥的古风广场,有一座关于黄桥烧饼的精美雕塑。每次看到那原始的桶炉,那刚出炉似乎还透着芝麻清香的烧饼和那满脸风霜的烧饼师傅,我就会想起一个人——红鼻子哥哥。

红鼻子哥哥姓刘,土生土长的黄桥人,几代人做烧饼。奶奶在世时说,他是咱家远房的一个老哥哥。他扁塌塌的脸,浓浓的眉,大大的眼,说话瓮声瓮气的,一脸老实巴交的样子。由于整日烟熏火燎,日积月累,那高高的鼻梁变得通红,我们都叫他红鼻子哥哥。

红鼻子哥哥在小镇可是高山上吹喇叭——名声在外。他做的烧饼香酥可口,皮薄馅多,绝对是不会用地沟油的。他特别讲究工艺工序,从选料、和面、发酵到调碱、进炉,再到火候的掌握,一丝不苟。用他们的话说,烧饼如

红鼻子哥哥的塑像

人，烧饼不要吃，只要看一下就知道是谁家做的了。他有句口头禅：人家花钱买你的烧饼，就是买你的面子，做不好人家会骂的。他做的烧饼大小一样，像一个模子里刻出来的。一百斤面在他手中搓呀、揉呀、拉呀、拽呀，每次做出的烧饼几乎一样多。大家都说他眼睛是杆秤。

记得有一次，我和他家小虎儿一起做作业。他在案板上放只玻璃杯，像要变魔术似的。只见他把一点酵面搓成球放入杯中，面球儿像跳水扎猛子一样随即浮了起来。我好奇地问："红鼻子哥哥，为什么要这样做啊？"他说："这是兑碱，烧饼好不好吃，兑碱可是关键！"说着又将一只面球儿投入杯中，面球儿像铅球一样沉了下去，老半天也不上来。他指着杯子对我说："你看，这碱浓度不够。"接着他又朝杯中投入第三只小面球儿，这次面球儿像出水芙蓉般轻歌曼舞，慢慢浮了上来。他高兴得像个孩子，挨个摸了摸我俩的脑袋。

一个星期天的早晨，母亲给了我一角钱和半斤粮票，叫我去买烧饼。正好赶上红鼻子哥哥在掏炉。只见他拿着一条拧得半干的回纺布毛巾，攥在手中朝木制桶炉的炉门口甩去，发出有节奏的"啪啪"声，像北方赶车人甩鞭子那样娴熟潇洒，三下五除二，一会儿工夫，炉膛中升腾起一股轻烟，飘飘晃晃，忸忸怩怩，挺有意思的。接着，他又往炉膛里加上几块炭，那认真的样子，像在布道。紧接着，他又拿起一把小铁铲，在炉内铲呀铲的，清理着刚烤过烧饼的炉壁，以保证每次烤出来的烧饼底部不带黑斑点儿。他边做边抽着鼻子，那红彤彤的鼻子像炉膛里跳动的火花，我忍不住笑出了声。铲完炉壁，红鼻子哥哥推了推卷着的衣袖，拿起折得四角方正的湿毛巾，俯腰仰身，朝桶炉来了一道太极拳。伴随着一阵滋滋声，生活好像也变得有滋有味。

清理好炉壁，加完了炭，红鼻子哥哥四面扫视了一番，不紧不慢地在清水中洗了一下手，擦干，一只手拿起案板上的两个烧饼坯子，将带芝麻的一面反过来朝下放在手掌心，轻拍两下，另一只手朝烧饼上点了一丝清水，伸进了炉膛。看着他露着青筋的手臂在炉膛里忙碌，我真有点心疼，对他更敬重了。

"谁叫你干活抽烟的？快掐掉！"忽地，我被红鼻子哥哥炸雷般的吼声吓了一跳。原来，一个打下手的小伙计嘴上叼着烟卷呢！"你们这些年轻人，一点都不规矩，烟灰掉在烧饼里，缺德啊！"红鼻子哥哥的话如投石击水，至今还在我心头荡漾。

时光荏苒，岁月悠悠。难忘那早已消逝的岁月，难忘那憨厚纯朴的红鼻子哥哥，尽管样子有些模糊，声音有点嘶哑，但他还是那么亲切。

吃了一生的黄桥烧饼，终生难忘红鼻子哥哥。

【作者简介】

刘鹏凯，江苏泰兴黄桥人，全国优秀企业家，全国企业文化建设十大功勋人物，全国百姓学习之星。现任江苏黑松林粘合剂厂有限公司董事长，中国化工管理协会副会长，中国化工作协执行主席兼秘书长，江苏省企业作家协会副主席，江苏省作协会员，著有《心力管理》《心力管理故事》《黑松林，我的太阳》《细节的响声》《漫话细节管理》《漫话文化管理》《知心、聚心、塑心——心力管理的操作艺术》《心是一棵会开花的树》等。

新四军黄桥战役纪念馆（老馆）

新四军黄桥战役纪念馆（老馆），位于江苏省泰兴市黄桥镇米巷 10 号丁家花园内，花园回廊曲折，古朴典雅。

新四军黄桥战役纪念馆于 1979 年 4 月筹建，1980 年 10 月经江苏省人民政府批准成立，是全国爱国主义教育示范基地、全国 100 家红色旅游经典景区、国家 AAA 级旅游景区。

丁文江故居

纪念馆辖三处革命旧址：通如靖泰临时行政委员会旧址原丁家花园（丁文江故居）、新四军苏北指挥部旧址原黄桥中学工字楼、新四军第三纵队指挥部旧址原严复兴楼及新四军黄桥战役革命烈士纪念塔。

通如靖泰临时行政委员会旧址

新四军黄桥战役纪念馆老馆碑碣

新四军黄桥战役纪念馆（新馆）

新四军黄桥战役纪念馆（新馆）总占地 100 亩，建筑面积 20 000 平方米，陈列面积 8000 平方米，共有 8 个展厅，前 7 个展厅介绍的是黄桥战役，第 8 个展厅介绍的是千年古镇黄桥的风韵。

纪念馆新馆大楼

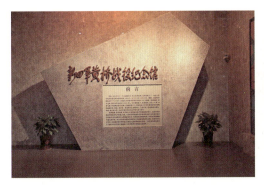
纪念馆之前言

纪念馆之历史沿革

纪念馆之雕塑

纪念馆之商定方针

纪念馆之烧饼店

纪念馆陈列1

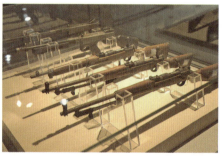
纪念馆陈列2

纪念馆陈列3

纪念馆陈列4

黄桥战役的特别功臣

◎ 余松山

1940年春,抗日战争进入相持阶段。一直消极抗日、积极反共的国民党顽固派在第一次反共高潮被打退后,密令第三、第五战区和鲁苏战区的部队,大举进攻华中新四军。中国共产党为了坚持抗战,反对投降,确定了开辟苏北,发展华中的战略任务。陈毅、粟裕奉命率第一、第二、第三纵队9个团,共7000余人北渡长江、挺进苏北,在黄桥地区建立根据地。

黄桥镇地处苏北泰兴,南扼长江天险,北接苏中平原。以黄桥为中心建立根据地,便于与我江南部队相呼应,控制长江通道,切断国民党顽固派韩德勤与江南之敌的联系,对奠定苏北抗日民主根据地,打开华中抗战新局面有极其重要的意义。为策应新四军发展苏北,八路军第五纵队东进淮(阴)海(州),形成南北配合、打开苏北抗战局面的有利态势。

国民党军鲁苏战区副总司令兼江苏省主席韩德勤,视新四军苏北部队为心腹之患,企图先集中兵力进攻黄桥,消灭或驱逐立足未稳的新四军苏北部队,然后移兵北上,歼击南下的八路军第五纵队。陈毅、粟裕坚持有理、有利、有节的自卫立场,在八路军第五纵队的配合下,积极做好迎击韩德勤部进攻的准备,并灵活运用斗争策略,争取了驻泰州地区的苏鲁皖边游击军李明扬、李长江部和曲塘一带的税警总团陈泰运部保持中立。

新四军先遣支队政治部主任钟期光

9月初，韩德勤部分两路向南进攻，新四军被迫自卫反击。首战营溪，歼其先头保安第一旅两个团，进而攻取姜堰，歼守军千余人，并继续向韩德勤呼吁停止内战，团结抗日，韩德勤则以新四军必须退出姜堰为借口相要挟。

陈毅、粟裕为顾全抗战大局，慨然允诺，让出姜堰，由李明扬、李长江部接防，还主动送给陈泰运部分枪械。此举，更加赢得了李、陈对新四军的信任而保持中立。而韩德勤则以为新四军胆怯退出姜堰，自恃兵多粮足、装备精良，令其主力第八十九军（辖第三十三、第一一七师）和独立第六旅共1.5万余人为中路军，从海安、曲塘一线进攻黄桥，李明扬、陈泰运部为右路军，5个保安旅为左路军，向黄桥两翼夹击，进攻总兵力达26个团3万余人，企图于黄桥地区聚歼新四军苏北部队。

苏北指挥部鉴于决战不可避免，决定集中兵力，采取诱敌深入、各个击破的战法。部署第三纵队坚守黄桥，第一、第二纵队隐蔽集结于黄桥西北地区，作为突击力量。

大战在即，新四军全体指战员不分昼夜，奋战在前线阵地，挖战壕、筑圩子、修工事。黄桥人民积极响应中共苏北区委的号召，在地方绅士朱履先等人的带领下，齐心合力，奋勇支前，做到要人有人、要物有物、要粮有粮，形成了"千家万户齐参战，士农工商一边倒"的感人局面。

特别是当时，为了保证前线将士能吃饱肚子打敌人，全镇12家磨坊、66家烧饼店，日夜赶做烧饼。当时的烧饼，有摊烧饼、涨烧饼、水酵饼、桶炉饼等多个品种，黄桥人民用80辆小车，冒着生命危险，穿过敌人的火力封锁线，将烧饼送到前线阵地。烧饼不仅鼓起了战士们的肚皮，更重要

前排：姚力（左2）、蒋新生（左5）、钟期光（左6）、刘先胜（左7）、张震东（左9）；后排：卢胜（左5）、陶勇（左6）、彭德清（左8）、谢云晖（左9）
参加黄桥战役的部分指挥员合影

的是鼓舞了他们的斗志。

当时战地服务团的李增援拿起一块烧饼说"黄桥烧饼黄又黄，黄黄烧饼慰劳忙"，王于耕接着来了一句"烧饼要用热火烤，军队要靠老百姓帮"，林琳跟着说"同志们呀吃个饱，多打胜仗多缴枪"……战士们你来一句我接一句，最后由李增援整理了6段歌词，作曲家章枚随即谱上了曲。就这样，一曲《黄桥烧饼歌》在隆隆的炮火声中诞生了，并很快在前线阵地上唱响了，《黄桥烧饼歌》极大地鼓舞了战士们的士气，10月6日，黄桥战役取得了全面胜利。

后来，在总结黄桥战役时，大家一致认为，《黄桥烧饼歌》生动记录了黄桥人民拥军支前的真实情景，是一首军民鱼水情深的壮丽之歌，是一首鼓舞战士英勇杀敌的胜利凯歌，黄桥烧饼是黄桥战役取得全面胜利的特别功臣。

【作者简介】

余松山，黄桥镇文化站原站长，1996年开始从事业余文艺创作，曲艺《老犟牛梦圆古稀》《难判的行贿案》在江苏《剧影月报》发表，歌词《故乡的桥》被收录于江苏创作歌曲集《盛世欢歌》。

《黄桥烧饼歌》：应运而生的拥军金曲

◎ 孟 红

在江苏省泰兴市东郊一个叫黄桥的镇子里，有一种叫"黄桥烧饼"的特产美食，美味可口，远近闻名。许多游客慕名而来，尤其是一些当年的新四军老战士，甚至不顾年老体衰，执着地来到这里故地重游，决意要吃上几口黄桥烧饼。当热乎乎的烧饼在手，一口咬到嘴里后，老人们便情不自禁地轻轻哼起那首妇孺皆知、广为传唱的《黄桥烧饼歌》。这歌声，重又将他们带回到血与火的战场……这是一段军民联合抗敌的光辉历史，这是值得苏北人民永远纪念的历史。那时，反映军民团结抗战的《黄桥烧饼歌》是如何出炉的呢？

源起于黄桥战役

《黄桥烧饼歌》的曲作者章枚，后来在《黄桥烧饼歌是怎样产生的》一文中回忆：《黄桥烧饼歌》产生于黄桥保卫战之时。那一仗，我新四军以不足一万兵，打败了韩德勤号称十万人马的进攻，结果十分辉煌，而战斗中，黄桥民众热爱新四军、支援新四军的情景，更是感人肺腑，这真是一曲人民战争的胜利凯歌。

黄桥战役（亦称"黄桥决战"或"黄桥保卫战"）发生在1940年。新四军苏北指挥部陈毅、粟裕等执行正确的统一战线方针，命令新四军第一纵队叶飞部、第二纵队王必成部、第三纵队陶勇部，按照周密的部署，采用集中兵力、诱敌深入、各个击破的战法，进行全面的自卫反击。黄桥决战期间，地方党政机关和人民群众纷纷声讨顽固派破坏抗日的罪行，掀起了支援新四军作战的热潮。数千民兵和人民群众扛着门板和各种器材帮助部队赶修工事。为了让新四军吃得饱，广大群众争先恐后地送茶送饭。当时家家磨面、烧水、烙饼，赶制大批当地一种有名的特产烧饼。各商店的老板，也把货架上的月饼聚拢到一起，送往前线。远离黄桥几十里的地方，包括靖江、泰县（今泰州姜堰区），千家万户赶做油饼、涨烧饼。一时间大道、小路，男女老幼，从四面八方为前线新四军将士送烧饼的人络绎不绝。时值八月中秋，按当地习俗做涨烧饼，在黄桥何家祠堂里，为送上前线准备的涨烧饼堆积了好几个大囤子。黄桥人民群众对新四军的大力支持和支援，对取得黄桥战役的胜利起到了重要的作用，为革命做出了重大贡献。

歌成于群众拥军支前壮观景象

黄桥战役的胜利，离不开人民群众的大力支持。战斗结束后，有一天，新四军苏北指挥部战地服务团的剧团主任李增援、作曲家章枚、党支部书记林琳（女）和编剧王于耕（女），在黄桥镇上一个小饭店吃烧饼、喝豆浆。

当他们谈及目睹和感受的黄桥人民群众制作了大量烧饼，推着小车、挑着担子、迎着枪炮声到前线慰问新四军将士们那如火如荼的拥军支前热潮时，个个为这股浓浓的军民鱼水之情所深深感动，心潮澎湃。创作的激情自然而然像泉水般涌出。李增援拿起一块烧饼即兴感言："黄桥烧饼黄又黄，黄黄烧饼慰劳忙。"林琳、王于耕接着也你一句我一句地续说："烧饼要用热火烤""军队要靠老百姓帮""同志们呀吃个饱""多打胜仗多缴枪"。

在一阵兴奋感慨的一唱一和中，一顿饭结束了。王于耕、林琳嘱咐李增援将大家的心情和意思整理写成一段完整的歌词。随即，李增援眼前不停地浮现着炮火硝烟中老百姓挑着担子推着小车为战士送烧饼这幕在苏北广袤大地上演出的"千万烧饼上火线"的壮观活剧,这令其血脉偾张,激动不已,长期的文化积淀瞬间爆发,挥笔一鼓作气写成了《黄桥烧饼歌》这篇歌词,完稿(共6段)后再交由作曲家章枚谱曲。

> 黄桥烧饼黄又黄嗳,黄黄烧饼慰劳忙哩!
> 烧饼要用热火烤嗳,军队要靠老百姓帮。
> 同志们呀吃个饱,多打胜仗多缴枪!
> 嗨呀依哟嗨嚙咳!多打胜仗多缴枪!
> 嗨呀咦哟!
>
> ……………
>
> 黄桥烧饼千万千嗳,千万烧饼上火线哩!
> 保卫黄桥总动员嗳,苏北换了新局面。
> 同志们呀加油干,一打打到东海边!
> 嗨呀咦哟嗨嚙嘿!一打打到东海边,嗨呀嘿!

《黄桥烧饼歌》这样一首表现黄桥战役中人民群众积极支前的歌曲,应运而生了,成为军民传唱并激励军民奋勇杀敌的形象生动的革命战歌,歌声和黄桥战役胜利的喜讯一齐传到四面八方,传遍了全国的抗日前线和拥军支前的热潮中。

词作者李增援在创作这首歌时,感到在"黄桥"与"烧饼"之间加上"的"字绕口,不便传唱,于是在创作歌词的同时创造了"黄桥烧饼"一词。此后,人们便开始将黄桥的烧饼叫成"黄桥烧饼",所以说"黄桥烧饼"一词是源自《黄桥烧饼歌》,目前这一说法被人推崇。此前,尚考证不出"黄桥烧饼"的其他出处。

这首歌曲是一首民谣风格的歌曲,为"分节歌"形式,一共6段歌词。这首歌曲的音调略具叙事性,前半部分为"起承转合"结构,后半部分是前半部分的发展。山歌风格的旋律及"哩"和"嗨呀咦哟嗨嚙嘿"等衬词和拖腔的运用使音乐亲切、感人,吐露出胜利的幸福和喜悦。6段歌词的每段歌词都有一个深刻的政治含意。例如:第一段"烧饼要用热火烤嗳,军队要靠老百姓帮",写的是军民团结,相互支援,夺取战争的胜利。第四段的"烧饼好吃面难磨嗳,胜利当中有困难",写的是在胜利面前要戒骄戒躁,再接再厉,夺取新的胜利。这首词从黄桥烧饼入手,通过赞美烧饼的色、形、香、味,巧妙地表达了人民群众对子弟兵的深情厚谊,歌颂了军民之间的鱼水关系,一层深似一层地揭示了新四军取得胜利的最深刻原因,无论在内容和形式上都达到了高度完美、炉火纯青的程度,多次受到陈毅的表扬。

埋没于历史很久的词作者

然而,半个多世纪以来,人们并不知道歌词作者李增援是哪里人,是否牺牲。在他的家乡,甚至还传闻他参加了国民党部队,到了台湾。他的家属因此在各种政治运动中受到牵连。他那英勇而悲壮、跌宕而传奇的人生际遇让人肃然起敬而又感叹唏嘘。他一生留下了许多优秀作品,《黄桥烧饼歌》是其突出的代表。

李增援,原名李增园,1913年6月出生于山东省莱芜县,小学毕业后考入泰安三中,1928年考取山东省曲阜师范,同年加入中国共产党。1935年10月又考取南京国立戏剧专科学校,先后学习话剧、装置、设计。1937年底在武汉参加了新四军。1938年1月6日,新四军战地服务团正式成立,李增援成为最早的成员之一,并先后担任新四军战地服务团戏剧组组长、剧团副主任,新四军苏北指挥部战地服务团剧团主任,新四军一师战地服务团剧团主任等职。根据抗战宣传的需要,他亲自编写、导演独幕剧《一家人》。该剧的成功演出,使他成为战地服务团能编、能导、能演的中坚。在此期间,他独立或与他人合作创作了《母亲》《人财两空》《繁昌之战》《红鼻子参军》《勇敢队》《黄桥烧饼歌》《大红灯》等作品,其中以《黄桥烧饼歌》最为著名。

1941年2月24日，李增援因病随新四军第一师卫生部从东台转移到大丰西团，下午突遭日军偷袭。为掩护重伤员转移，他们主动向敌人开枪，吸引敌人的火力。战斗中，有5人英勇牺牲。当时，地方上干部群众将他们安葬在西团东郊的乱坟场，谁也不知道这5位烈士的名字。1958年平坟，当地部门将这5位烈士的遗骨分别装在5个罐子里，迁葬至东团烈士公墓。李增援英勇牺牲时年仅28岁。但是随着时间的推移，

词作者李增援

在抗战和解放战争中，有的人牺牲，有的人辗转到全国各地，李增援遂成了无人知晓的烈士。

1988年，江苏省大丰县党史工作者陈海云去北京向当年新四军第一师卫生部指导员宗瑛了解大丰小海一带战争年代的党员资料。临别时，宗瑛突然想起了一件事："1941年2月日寇偷袭西团时，一位著名的新四军文艺战士在西团牺牲了，你们知不知道？"陈海云回答："我们不清楚，他是谁呀？"宗瑛沉思一下，凝重地说："他就是《黄桥烧饼歌》的词作者，名叫李增援。"陈海云虽然熟悉了解《黄桥烧饼歌》及其历史地位，但从未留意过歌曲的词作者，便向宗瑛了解李增援的情况。但宗瑛说，李增援牺牲后，其生平不清楚。宗瑛叮嘱陈海云查清这位烈士的生平事迹。陈海云从1988年起，写了500多封信，多次辗转北京、上海、南京等地，到1992年终于弄清了李增援烈士的生平。他们又及时与上级打报告，申请追认李增援为烈士，此举得到了大丰、盐城和省有关部门领导的重视。1994年12月31日，江苏省人民政府追认李增援为革命烈士，并向他的家人颁发了烈士证书。

《黄桥烧饼歌》的曲作者章枚，1912年出生于广东新会县，1995年2月

24 日逝世于北京。原名苏寿彭，作曲家，1940 年参加新四军，1941 年加入中国共产党。曾任中国音协上海分会主席，音乐出版社副总编辑，中国艺术研究院编译室主任、外国文艺研究所顾问。20 世纪 80 年代后期，章枚携夫人重回江苏，兴致甚浓地重游黄桥。当时他已经成了民族音乐研究所的研究员，夫人则是北京音协副会长。在黄桥镇，再次拿起黄酥酥、香喷喷的烧饼时，章枚感慨万千，不由自主地回忆起了创作《黄桥烧饼歌》时的形象生动场面，恍然如昨。

广传于今　久唱不衰

《黄桥烧饼歌》诞生后，随着新四军的脚步传遍大江南北，在根据地产生了重大鼓舞作用。半个多世纪以来传唱于祖国无数次的多种纪念活动中，并成为抗战歌曲范例载入《抗日战争歌曲集》和中国革命音乐史册中。

1949 年，黄桥烧饼被选入开国大典国宴。1952 年 4 月，毛泽东主席称赞"黄桥烧饼好出名的"。陈毅元帅和粟裕将军都非常喜爱这首《黄桥烧饼歌》。陈毅元帅每每回忆起黄桥决战的情景时，都会情不自禁地哼唱这首歌："黄桥烧饼黄又黄嗳，黄桥烧饼慰劳忙……"后来拍摄的《黄桥决战》电影里将这首歌用作了插曲，为许多人所熟知。

新中国成立几十年后，一些新四军老战士在北京聚会，时任全国人大常委会副委员长的叶飞兴奋地说："章枚，唱《黄桥烧饼歌》！"章枚起立，用带有广东乡音的普通话引吭高歌"黄桥烧饼黄又黄嗳"，老战士们击拍齐声唱和："黄黄烧饼慰劳忙哩！烧饼要用热火烤嗳，军队要靠老百姓帮。同志们呀吃个饱，多打胜仗多缴枪……"

随着《黄桥烧饼歌》的传唱，黄桥烧饼工艺的不断改进，黄桥烧饼名气越来越大。《东进序曲》《黄桥决战》两部电影在神州的上演，使黄桥烧饼更是闻名遐迩，于是凡到黄桥的客人，言必是冲着黄桥烧饼来的。如今，黄桥烧饼已成为中国名点名小吃。整个黄桥镇目前有大大小小的黄桥烧饼店近百家，全国还开设了 50 多家连锁店。黄桥镇有关负责人说："黄桥烧饼因何出名？还是黄桥战役。所以黄桥烧饼卖到哪里，就会把黄桥战役的辉煌传播到哪里。"黄桥烧饼已经成了宣传黄桥战役、进行爱国主义教育的最好载体，《黄桥烧饼歌》已成为我国爱国拥军的经典名曲。每至黄桥战役胜利日和重大节庆时，黄桥的街巷中，总能闻到阵阵烧饼香味，耳边时时传来朗朗上口的熟悉的旋律。

《黄桥烧饼歌》是一首脍炙人口又催人奋进，在苏北黄桥决战期间诞生并在苏北军民中广为流传的抗日救亡歌曲。它以政治思想性强，形象生动，回味无穷，深受广大军民的喜爱，至今仍在传唱。它曾激励了无数中华儿女拿起刀枪走上战场，投身到抗日救国的行列中。它是军民鱼水深情的历史见证，同时也让我们深信：得民心者得天下，人民群众才是真正的铜墙铁壁。每每哼唱起这首特有亲和力的经典红歌，我们的

作曲者章枚

眼前就会禁不住浮现出黄桥人民做烧饼、送烧饼支前的动人场面，继而想起了我们今天幸福生活的来之不易！今天，我们回顾《黄桥烧饼歌》诞生的来龙去脉并重温黄桥决战胜利这段历史，更应继承和发扬我党全心全意为人民谋福祉的革命传统和密切联系群众的优良作风，将"群众路线"这个传家宝，世世代代传下去。唯有如此，我们才能不断取得中国特色社会主义建设的新胜利，才能尽早实现中华民族伟大复兴的中国梦。

（选自《党史博采》2015年第9期，有删改）

《黄桥烧饼歌》背后的廉政思想

◎ 钱书琴

说起李增援烈士,可能知道的人不是很多。但提起《黄桥烧饼歌》,恐怕没有人不知道。然而已很少有人知道,《黄桥烧饼歌》的歌词作者就是李增援!几十年来更无人知晓,1941年2月24日,李增援为掩护重伤员转移遭日军袭击而英勇牺牲,他当时是一名杰出的文艺战士。此后英名埋没很长一段时间。直到1994年,李增援被江苏省人民政府追认为革命烈士。

"黄桥烧饼黄又黄嗳,黄黄烧饼慰劳忙哩",歌曲诞生于著名的黄桥古镇。1940年,黄桥战役时期,地方政府、民主人士广泛动员群众奋勇支前,全镇有12家磨坊、66家烧饼店、80辆小车日夜忙碌,做起了黄桥烧饼,从四面八方源源不断送往前线,对黄桥战役的胜利起了很大的作用。战斗结束后,新四军战地服务团的李增援、林琳、章枚、王于耕在黄桥镇上一个小饭店喝豆浆、吃烧饼,想起群众如火如荼的支前场面,十分感动!就这样你一句我一句现场即兴创作。于是《黄桥烧饼歌》就这样诞生了,并在广大人民群众和新四军中传唱,在抗日军民中产生了重大的鼓舞作用,如今已成为穿越时空而不朽的经典之作。

这是一首民歌风格的歌,歌词言浅意深,质朴清新,是常用的一种民歌表达方式,它同样传递着黄桥浓郁的乡土气息和地方特色。通过描写烧饼的颜色、形状、香味等，表达了黄桥人民对新四军的鱼水深情。歌曲前半部分赞美烧饼，后半部分是在前半部分基础上的升华。整首歌运用优美动听的山歌风格的旋律，使人感到音乐非常亲切、感人，吐露出黄桥战役胜利的幸福和喜悦。

一　党与人民军民鱼水关系

歌词中"黄桥烧饼黄又黄嗳，黄黄烧饼慰劳忙哩！烧饼要用热火烤嗳，军队要靠老百姓帮……"反映了军民鱼水深情、血浓于水的鱼水关系。鱼儿离不开水，一旦离开水就会失去生命；我们的军队、政党也一样，一旦离开了人民群众就没有战斗力。人民群众既是我们的生存之本、衣食父母，又是我们的力量源泉、胜利之本。脱离了人民群众，我们将一事无成。所以，我们的政党、我们的军队，要时时刻刻不忘《黄桥烧饼歌》，要从《黄桥烧饼歌》中吸收营养，只有我们认识到这一点，才能巩固我们党的执政地位，做到服务人民、造福人民，才能长治久安。比如有的同志刚到一个

黄桥决战中送烧饼上前线的雕塑

新单位,通过深入基层调研,走近群众,不用多长时间就能开创工作新局面;有的同志高高在上,不搞调研,不走基层,不能和群众打成一片,就得不到人民群众的拥护和支持。政党一旦失去群众的积极参与和大力支持,就会失去根基。

二 廉政建设坚持常抓不懈,持之以恒

歌词中有这样一段:"黄桥烧饼长又长嗳,长长烧饼有分量哩!烧饼一口吃不下嗳,敌人一下打不光。同志们呀别心急,还要长期来抵抗……"这里所说的是事物发展的一般规律,战争要像吃烧饼一样,要一口一口地吃,要做好长期抗战准备。党风廉政建设,贵在坚持。推进党风廉政建设和反腐败斗争不可能一蹴而就,必须以"踏石留印、抓铁有痕"的劲头持之以恒改进作风,常抓不懈落实责任。坚持从源头抓起、从苗头性问题抓起,不断巩固成果,让加强党风廉政建设常态化。开展党风廉政建设,也是一项长期的工程,要长久坚持下去,才能形成一个清正廉洁的政党。

黄桥决战中黄桥人民日夜赶制烧饼的雕塑

三 廉政建设要经受考验，抵御诱惑

歌词中写道："黄桥烧饼甜又甜嗳，甜甜烧饼好下咽哩！烧饼好吃面难磨嗳，胜利当中有困难。同胞们呀努力干，坚持抗战不投降……"这里说的是任何成功都要付出艰辛的努力，吃烧饼与抗战一样，都要经历许多的磨难。在当今社会中，我们做一名清廉的共产党员，构筑拒腐防变的思想防线。始终坚定中国特色社会主义和共产主义的理想信念，是一个共产党员的立身之本。党员干部如果丧失了理想信念，就会失去灵魂、失去精神支柱。我们要自觉地进行世界观、人生观、价值观的改造，始终坚定理想信念，牢记树立全心全意为人民服务的宗旨，自觉提高自我警醒的能力，坚决抵制金钱和美色的诱惑，经受住各种各样的考验。只有这样，我们的政党才能立于不败之地。

支前推车

四　同心同德，最终得胜

歌词最后一段写道："黄桥烧饼千万千嗳，千万烧饼上火线哩！保卫黄桥总动员嗳，苏北换了新局面。同志们呀加油干，一打打到东海边……"千千万黄桥烧饼送到前线，突出我们群众支持的强大，也显示出人民战争的威力，我们要取得最后的胜利，就需要千千万万的同志团结起来，为了共同的抗日目标而努力奋斗，我们党的廉政建设也是一样。正如毛泽东同志在党的七届二中全会的报告中提出"两个务必"的要求，即"务必使同志们继续地保持谦虚、谨慎、不骄、不躁的作风，务必使同志们继续地保持艰苦奋斗的作风"。在当今廉政建设中，要想取得反腐败斗争的彻底胜利，就必须有毛主席这种"两个务必"的人生心态。而要实现这一伟大目标，就需要我们全党同志共同努力，只有目标明确，才能取得最后的胜利，我们的党才能立于不败之地。诚如孙中山先生临终前告诫的一样，"革命尚未成功，同志仍需努力"。

李增援正是有了这种顽强奋斗的精神、坚忍不拔的意志，做了经受考验、抵御诱惑的准备，做到了居安思危、三省吾身，坚持不懈、终身努力，才最终实现了他"生而无臭，死而无闻"的人生理想，成了中国永垂不朽的民族精神化身。总之，李增援的故事和他写的《黄桥烧饼歌》对搞好当今反腐倡廉工作，凝聚党心民心，提振民族精神，加强共产党人自身修养，具有划时代的意义！

（选自《党史博采》2015年第2期，有删改）

著名历史人物与黄桥烧饼的渊源

◎ 吴曾萌　李　建　陈庆生

毛主席谈黄桥烧饼

　　1950年，陈长江到毛泽东身边从事警卫工作，直至毛泽东去世。他先后担任中央警卫团分队长、一中队中队长、干部大队大队长职务。1952年4月，陈长江第一次有机会跟毛泽东交谈，这次交谈给陈长江留下了深刻印象：毛主席出来散步，回来的时候看到我，我按警卫规定给他敬了个礼。主席不太认识我，就问我是什么地方人，我刚刚说出一个"江"字，他就说你先别说，让我猜猜你是什么地方的人。他接着说你是江苏如皋、海安一带的。我说对呀，我是海安的。他说你叫什么名字，我说叫陈长江。他说你这个名字好嘛，中国的第一大江，你说了以后我就能记住了。果然，在以后的几十年当中，从1952年4月算起到主席去世，主席一直记得我的名字。如果有那么十几二十天看不到我，再次见到我时，他就会问我，长江，你到哪儿去了？我说没有到哪儿去呀。主席见了我就叫"长江"两个字，让我感觉特别亲切。再一次交谈的时候，他问我们那个地区的情况。我就将自己知道的情况告诉主席，主席也把他了解的情况介绍给我。毛主席说:"黄桥烧饼好出名的。"主席说起当年的战斗故事,真是激情澎湃,让人热血沸腾。这一次是我和主席在一起比较正式的交谈,我当时的感想就是:主席的知识很渊博,也不仅了解新四军的情况,而且了解我们家乡的情况,比我了解得还清楚。

周总理请人吃黄桥烧饼

1963年1月31日,周恩来乘坐专列从上海来到苏州。此行,他是来看望正在南园宾馆休养的另一位国家领导人陈云。这是总理唯一一次到苏州,一共停留了10个小时。

来苏州后,周总理到了虎丘、拙政园、留园和周瘦鹃的家里。到南园时已是中午时分,为接待好周总理,南园本来预排了3个午餐方案。没想到,请周总理用餐时,总理说:"现在国家还处于困难时期,这顿饭留到以后条件好了再吃吧。这次,我请你们到列车上吃顿饭。"结果,当时的苏州市领导就跟总理夫妇回到火车站在列车上吃了午饭,饭菜很简单:米饭、馒头、黄桥烧饼,还有几碟咸菜、豆腐、干丝之类。

陈毅喜吃黄桥涨烧饼

陈毅元帅和黄桥烧饼的渊源众所周知。在"大跃进"期间,黄桥参加北京群英会的代表给陈老总带去本地的土特产,元帅只收下两个涨烧饼,并深情地说:"感谢黄桥父老乡亲,感谢养活过革命的黄桥烧饼。"

粟裕和黄桥烧饼

粟裕在黄桥决战中以奇制胜立下了赫赫战功,深得黄桥人民的爱戴。1975年,粟裕将军曾重返黄桥,黄桥人民仍用黄桥烧饼盛情款待了他,他手捧烧饼,感慨万千,激动地勉励大家说:"从黄桥烧饼我们看到了军民的鱼水深情,我们要继续发挥革命传统,争取更大光荣。"

叶飞会见烧饼师傅刘润宝

全国人大常委会原副委员长叶飞在黄桥战役期间任新四军苏北指挥部第一纵队司令员兼政委（当时名聂扬）。1983年3月他重返黄桥时，亲切会见了当年的支前功臣、烧饼师傅刘润宝。充分表达了老一辈革命家与黄桥人民的深厚的革命情谊。

陈毅与彭家烧饼店的故事

1940年10月6日，黄桥军民经过浴血奋战，终于取得了黄桥决战的伟大胜利。陈毅同志和黄桥人民一样沉浸在胜利的喜悦之中。他想起激战之夜，前方军粮供应不上，黄桥支前委员会组织黄桥镇所有烧饼店日夜赶做黄桥烧饼，并冒着生命危险送给前方战士，有力地支援了黄桥决战，不禁感慨万千。他叫人请来黄桥北街有名的彭家烧饼店老板彭志玉，和他拉起了家常。黄桥决战时，40来岁的彭志玉带领彭家烧饼店的店员连续三天三夜为前线赶制了上千斤的黄桥烧饼。陈毅同志问起彭师傅的家庭情况和烧饼店的历史，还仔细询问了黄桥烧饼的制作工艺。彭志玉对陈毅同志的问题一一作了回答。陈毅同志认真听取了彭志玉的介绍，对黄桥烧饼大加赞赏。临别时，还送彭志玉五包前门香烟。

渡江战役胜利时，陈毅同志派人请彭志玉去苏州做黄桥烧饼。新中国成立后，又派人请彭师傅进京，彭师傅因为家庭原因而未能成行，这成了他的终生憾事。他常自责地对家人

彭志玉

说：“我怎么不去为陈老总再做一次黄桥烧饼呢？”

陈从周请外国人吃黄桥烧饼

陈从周

著名的古建筑园林专家陈从周喜吃大饼，曾撰《大饼》一文发表。一次，他陪一个外宾旅游团游览江苏古城扬州，到下午4点钟，不少外宾感到肚子饿了，他就跑到一家烧饼店，为外宾定做了黄桥烧饼。外宾吃了，个个跷起大拇指称味道好，一篮子烧饼顿时一扫而光。

著名书法家尉天池为黄桥烧饼题词

2006年1月24日，江苏省书法家协会主席尉天池率领省内书画家来黄桥慰问老区人民，在黄桥宾馆品尝了黄桥烧饼后欣然为黄桥烧饼题词。

尉天池为黄桥烧饼题词

历史人文故事

北宋大孝子顾昕以饼孝母

黄桥烧饼的制作历史究竟源于何时？虽无确切的文字记载，但最迟在北宋时期就有记载，《宋史》第456卷中却有一段真实的历史故事闻名于世。

据《宋史》载，北宋大孝子顾昕的父亲顾慈，时任唐末东川节度使，乾宁四年（897年）因战乱被叛军所杀。顾昕的母亲钱氏便带着10岁的顾昕迁居黄桥，母子俩以烤炉饼谋生。顾昕16岁时，母亲患病而卧床不起，顾昕自此担负起赡养和照料母亲的责任。他晨起生炉烤饼，白天侍奉汤药，晚上衣不解带；为省下钱给母亲滋补，十年中没有吃过荤腥。后来，顾昕成家并生有一子，每天一早起来，捧着刚烤的第一个饼，领着妻儿到母亲房间里请安，问母亲要些什么，想吃些什么，如此五十年

宋孝子墓

如一日，未尝懈怠。母亲年老后双目失明，顾昕每天号泣，并"刺血写佛经数卷"，祈祷老天保佑，后来母亲竟奇迹般的复明了，能在烛下缝补衣裳，一直活到90多岁，无疾而终。

为回报和感谢乡邻，顾昕潜心钻研烤饼手艺，他烤出的饼清香诱人、酥脆可口，生意十分红火。连南来北往的商人路经黄桥时，都必定光顾此店尝饼喝茶，离开时还捎上几个带给家人，送给亲友。日而久之，黄桥的烧饼闻名于大江南北。

顾昕孝行感天，受到历代帝王的尊崇和褒奖。后人为纪念其孝行，就在他下葬的地方（黄桥西门桥外）建造了"顾孝子亭"，亭内有明成祖朱棣所写的御诗并序作碑文。明万历十九年（1591年），泰兴知县段尚绣重修顾孝子墓，并在亭中立石碑，上刻"宋顾孝子墓"5个字。2000年8月，黄桥人将其重新修复并移至黄桥公园内。

如皋知县快马买烧饼

历史上关于黄桥烧饼的传说还有很多。清朝道光年间，如皋县的一位知县路过黄桥，吃了一回黄桥烧饼后齿颊留香，念念不忘。如皋、黄桥两地相距60余里，总不能专程来吃呀，这位县太爷竟然不怕人说他搞特权，隔三岔五地派快马到黄桥购买烧饼，以饱口福。这个传说告诉我们，至少在170多年前，黄桥烧饼便小有名气。

朱履先亲自动员为新四军做烧饼

朱履先（1884—1959），早年留学日本，1908年回国，被赐"举人"出身，任清军管带，驻南京；响应辛亥革命，攻占雨花台，朱

朱履先题字

履先率部将第一个登上中华门城楼。孙中山就任临时大总统时,朱履先担任阅兵式总指挥,时年28岁。后被任命为南京城防司令,授陆军中将衔。不久响应裁军,解甲回家。将军一生经历了晚清王朝、北洋军阀、中华民国和新中国4个不同的时代。抗日战争期间,与中国共产党结下不解之缘。黄桥战役期间作为当地的开明绅士号召群众出粮出力支援前线,为了支援新四军打胜仗,朱履先先生亲自动员黄桥地区所有烧饼店、食品店全力生产,挨家动员士绅大户开仓为新四军供粮,为黄桥战役的最终胜利立下了汗马功劳,是毛泽东主席亲授的中共特别党员。

知识链接：黄桥战役

1940年6月，根据党中央的指示，陈毅、粟裕分别率部挺进苏北。7月下旬，各部在江都塘头汇合并整编：新四军江南指挥部改称为新四军苏北指挥部，陈毅、粟裕分任正、副指挥，下辖第一、第二、第三纵队9个团，共7000余人。随后东进黄桥，创建新的抗日阵地。

新四军进驻黄桥后，成立了通如靖泰临时行政委员会和中共苏北区委，实现了党的统一领导。进驻黄桥不久，新四军主力部队就南下攻克了靖江东北等地的日伪军据点，并粉碎了日伪军的多次报复性"扫荡"。8月，为策应新四军发展苏北，八路军第五纵队东进淮海地区，形成南北配合、打开苏北抗战局面的有利态势。

当时的苏北，政治军事格局非常复杂。在兴化、东台一带，驻扎着鲁苏战区副总司令兼国民党江苏省主席韩德勤部，拥有嫡系主力第八十九军、独立第六旅以及10个保安旅，自诩实力雄厚，称王称霸，坚决反共，是坚定的顽固势力。在泰州一带，驻扎着号称"两李"的鲁苏皖边区游击军李明扬、李长江部；在曲塘一带，驻扎着税警总团陈泰运部。这两支部队深受韩德勤的排挤，与他有难以化解的矛盾。韩德勤视新四军苏北部队为心腹之患，企图先集中兵力进攻黄桥，消灭或驱逐立足未稳的新四军苏北部队,然后移兵北上,歼击南下的八路军第五纵队。新四军苏北指挥部坚持有理、有利、有节的自卫立场,积极做好迎击韩德勤部进攻的准备,并灵活运用斗争策略,争取了"两李"部和陈泰运部保持中立。

1940年9月初,韩部分两路向南进攻。新四军被迫自卫反击,首战营溪,歼其先头保安第一旅2个团,进而攻取姜堰,歼守军千余人,并继续向韩德勤呼吁停止内战,团结抗日。韩德勤则以新四军必须退出姜堰为借口相要挟。苏北指挥部为顾全抗战大局,慨然允诺,让出姜堰,由"两李"部接防,还主动送给陈泰运部分枪械,进一步争取了李、陈,使韩德勤更加孤立。然而,韩德勤自恃兵多粮足、装备精良,以为新四军退出姜堰是胆怯。

1940年9月30日,韩德勤调集部队,对黄桥地区的新四军苏北指挥部再次发动进攻。陈毅、粟裕详细分析了政治、军事诸方面的态势,精心制定了以黄桥为轴心,诱敌深入,各个击破的作战方针。在兵力部署上,决定第一、第二纵队用于突击力量,隐蔽集结于黄桥西北之顾高庄、严徐庄地区待机,并由第二纵队派出两个营实行运动防御,诱敌深入;另第一纵队一个营化装进入敌后,配合地方武装,袭扰韩军。第三纵队则坚守黄桥和监视左右两路的进攻部队。同时,派人到泰州安抚"两李"。陈毅坐镇严徐庄,掌握全局,粟裕在黄桥前线负责战场指挥。

10月1日、2日,顽军受阻于暴雨。3日雨过天晴,顽军兵分几路向黄桥扑来。新四军第二纵队在营溪、古溪一线打响前哨战。4日清晨,顽军第三十三师向黄桥东门发起猛烈进攻,新四军第三纵队机动部署,实行重点防御,战至下午2时,连续击退顽军7次冲锋。正当黄桥东门鏖战之际,独立第六旅从高桥出动,下午3时许,以一字长蛇阵抵近黄桥北门。当该旅完全进入伏击圈后,第一纵队适时出击,将其拦腰截成几段,经3小时激战,全歼该旅,中将旅长翁达自杀。10月4日下午,韩部第八十九军军长李守维率军部和第三四九旅在野屋基村构筑防守工事。第二纵队连夜穿插到分界,截断顽军归路,与第一纵队配合将顽军第三四九旅和第三十三师分割包围，第三纵队也从黄桥出击，配合第二纵队聚歼第三十三师，活捉该师师长。10月5日，新四军3个纵队合力发起总攻，经一夜激战，至6日清晨，歼灭顽军第八十九军军部和第三四九旅。军长李守维在骑马逃跑时失足落水，淹死在挖尺沟中。经过几日激战，英勇善战的新四军共歼灭顽军1.1万余人，取得了黄桥战役的全面胜利。

与此同时，八路军第五纵队由涟水东进，攻占阜宁、东沟等地，直下盐城。10月10日，新四军第二纵队前锋与八路军第五纵队先头部队，于东台以北的白驹镇狮子口胜利会师。根据中共中央的决定，1940年11月，华中新四军八路军总指挥部在海安成立，这标志着从长江以北至陇海铁路以南的新四军和八路军部队实现了统一指挥。

大师传承与品质特色

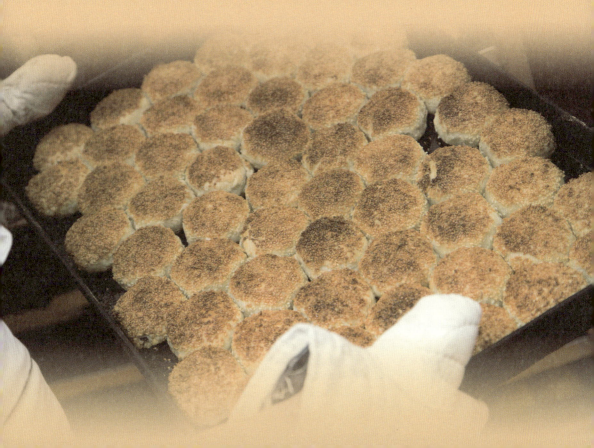

"烧饼大师"的拥军情

——记我的父亲刘润宝为新四军将士烙烧饼

◎ 刘忠庆

我的父亲刘润宝，生于1915年，今年85岁，生前他是黄桥东进饭店的职员，黄桥烧饼的传承人之一。早在65年前，我父亲就从事黄桥烧饼的制作加工。那时候的黄桥，交通发达，商贾云集，既是苏北地区的商贸集散重地，也是靖江、如皋、泰县、泰兴四县的政治中心。当时，黄桥的烧饼铺子就有60多家，我父亲从业的烧饼店是黄桥地区规模最大、名声最响的店铺。

从我开始记事起，父亲就经常给我讲述1940年10月黄桥决战的故事，叙述为陈毅、粟裕司令员烙烧饼的经过，描述他和支前群众往前线送烧饼的场面。这些故事和场面曾在《解放军报》《大江南北》等报刊上作过报道，"烧饼大师"的故事也入编了《江苏群英谱》。在纪念新四军黄桥决战胜利六十周年的时候，和老前辈们一起重唱《黄桥烧饼歌》，追忆昔日"烧饼大师"的拥军情，我感受到的是一种力量，是一种资源，是振兴黄桥、建设现代化城市的凝聚力。

那是1940年10月初，黄桥决战的枪声打响了，新四军部队的炊事员都上了前线，炊事班不能生火做饭，包括陈毅、粟裕司令员们吃饭都吃干粮。为了让新四军将士吃饱肚子，消灭敌人，在工抗会、农抗会等抗日团体的

前左二刘润宝、右一周泽（江苏省委原副书记）、右二田德仁、右四傅中华（扬州地委原书记）

刘润宝与各级领导的合影

动员下，全镇66家烧饼店都加入了支前的队伍，日夜不停地赶做缸片饼、"草鞋底"、斜角饼等各种各样的烧饼，送到支前委员会。当时，我父亲的烧饼店就设在东口子外面，距敌人的土围子不足200米，离新四军三纵司令员陶勇司令部只有十来米。支前委员会交代我父亲的任务是两条：一是为司令部的首长们做烧饼，每天送2～3次烧饼到指挥部去；二是负责前线新兵八团部分战士的烧饼供应。从10月3日开始，到10月6日，日日夜夜，炉子没有熄过火，案头没有离过人，我父亲和徒弟们没有合过眼，把一炉一炉的烧饼烙出来，一篮子一篮子地送到了司令部和作战前线。

10月4日这一天，敌我双方战斗很激烈，敌人用密集的火力封锁了从镇内通往前线的道路，送烧饼上前线随时都有被枪弹击中的危险。这天早晨，父亲给司令部送烧饼的时候，副官处汤主任告诉我父亲："刘师傅，今天敌人加强了火力，从你们店直接往东口子外送烧饼上前线的路被敌人卡断了，可八团的战士一夜没离开阵地，干粮也没有了，你得想个办法呀！"

我父亲看到指挥部首长们个个通宵未眠，想到了新四军是人民的大救星，他沉思了一下，拍着胸脯说："汤主任，你放心，黄桥人不是孬种，不管多危险，都要让战士们饱肚子打仗。"

回到家里，父亲把为八团战士做好的烧饼装到篮子里和洋布袋里，听到外边隆隆的炮声和嗖嗖的子弹声，我母亲不放心，要和父亲一同出去。父亲安慰说："人多了，容易暴露目标，还是一个人去目标小些。"说着就一手提篮子，一手拎袋子跨出了大门。他躬着腰，沿着段家缺的小路，冒着头上飞蝗般的子弹，穿过小焦庄，绕道大焦庄，迂回走了将近一个小时，终于把200多个烧饼送到东口子外的战士们手上。

10月6日那天，陈毅司令员忙了一天没有顾上吃饭，傍晚前，我父亲就专门为他送去了酥脆的"草鞋底"烧饼。这时候，前方战斗胜利的喜讯已经传遍了黄桥。陈司令抓起嫩黄的"草鞋底"大口大口地啃起来，并用浓重的四川话对身边工作人员说："我们打胜仗，应该给黄桥烧饼记一大功噢！"事后陈毅司令员派工作人员给我父亲送来一枚勋章，并转告说："这是陈司令员给你的嘉奖，说你做的烧饼好吃，应该给你也记上一功！"

新中国成立50多年来，我家搬迁过几次，我父亲把陈司令送的勋章和当时在丁家花园合影的照片像心肝宝贝一样珍藏着。1983年10月，粟裕司令员和当年参战的老前辈来到黄桥，询问"当年做烧饼的小刘师傅在哪里"，并特地到东进饭店品尝了黄桥烧饼。

黄桥决战已经过去了60年，枪声炮声再也听不到了，可《黄桥烧饼歌》却越唱越响亮，越听越洪亮。改革开放的1978年，我父亲在黄桥东进饭店办起了首家黄桥烧饼培训中心，带出来的"烧饼子孙"不下200人，他们在全国各地开设的黄桥烧饼店有上千家。1987年，父亲还应邀到南京金陵饭店从事黄桥烧饼的制作，许多外国人都竖起大拇指夸赞："黄桥烧饼OK、OK！"从金陵饭店回到故土黄桥，许多商家前来高薪聘请父亲去传艺，可父亲再也没有离开过黄桥，他说："我要在黄桥把烧饼做得更好，让黄桥决战精神一代代传下去，让《黄桥烧饼歌》越唱越红火！"

黄桥烧饼 大师传承与品质特色

今天,站在黄桥决战胜利六十周年纪念大会的台上,回忆父亲为新四军将士做烧饼的点滴历史,缅怀老一辈革命家的丰功伟绩,我深深感到,黄桥决战,作为开辟苏北抗日根据地的战斗已经载入史册,而黄桥决战精神作为一种动力和资源,以其更加丰富的内涵和现实的时代价值激励着我们后一代的黄桥人,继承和弘扬黄桥决战精神,发扬和光大党的联系群众的作风,加快黄桥现代化建设和人民致富的步伐,让黄桥决战的十月红旗高高飘扬在黄桥上空。

2000 年 10 月

【作者简介】

刘忠庆,是烧饼大师刘润宝的长子,黄桥镇人民政府退休干部。

合心烧饼店

◎ 何雨生

清代乾隆年间,黄桥的烧饼业已相当繁荣,黄桥地处靖江、如皋、海安、姜堰、泰兴数县中心,是这几个县的粮油集散地,"商贩归往,云集蚁附"。为适应小商小贩的需求,做烧饼的越来越多,烧饼的口味也越来越好。

刘润宝的烧饼店始建于1932年。刘润宝世居黄桥花园桥口,祖上就曾做过烧饼,13岁从师,15岁自立门户,18岁那年他在黄桥致富桥外严福兴油坊隔壁开了一家两间门面的烧饼店,取名"合心烧饼店"。跟绝大多数烧饼店一样,合心烧饼店也是典型的夫妻店,小作坊生产,男的就是炉前师傅,具体负责贴烧饼、铲烧饼、卖烧饼;而老板娘就成天用响子"橐橐橐"地在案板上捶烧饼坯子,做烧饼。他们做的也是大家常吃的桶炉烧饼,俗称小炉烧饼。

黄桥烧饼大多为碱酵,发酵好坏直接影响到烧饼的口感及品相。刘润宝根据寒夏温度的差异而调整发酵的方法,并总结出一整套发酵规律——冬天"老鼠喷身"(调酵时水分要比平常多一点),夏天"雪花点"(水要少,并略含有点干面),冬捂夏扇(冬天保温,夏天散温)。刘润宝做出来的烧饼"红心白边儿",香脆两面黄,酵香扑鼻,美味可口,在烧饼店云集的黄桥很快便打出了名气。

黄桥烧饼

大师传承与品质特色

1940年，黄桥决战打响。为了让新四军战士吃饱肚子消灭敌人，广大民众开展了支前和劳军活动，全镇66家烧饼店主也立即行动起来，日夜不停地赶做麻饼、斜角饼、涨烧饼、"草鞋底"等各种各样的烧饼，送到设在何氏宗祠的支前委员会，再由工抗会、商抗会送往前线。

合心烧饼店离前线大约200米，离新四军三纵陶勇司令部约10米。支前委员会分配给刘润宝的任务是，不但要给司令部的首长做烧饼送烧饼，还要保证前线新兵八团的部分供应。当时战斗越打越激烈，敌人用密集的火力封锁了从镇内通往前线的道路，送烧饼上前线随时随地都有被枪弹击中的危险。

新四军副官处汤主任对刘润宝说："刘师傅，敌人火力很强，从你家里直接往东送烧饼到前线是很危险的，要从你家往南绕道而行。"刘润宝拍着胸脯说："汤主任，不管多么危险，总要把烧饼送到前线。"

回到家里，刘润宝把烧饼装到篮子和洋面袋里，与妻子交代一番后，就一手拎袋，一手提篮，躬着腰往南走去。他沿着曲折低洼的小道，时而慢步，时而快行，敌人的子弹像蝗虫似的在头顶横飞，空气里弥漫着火药硝烟的味道。他什么也不怕，只想到新四军是人民的大救星，只想到尽快把烧饼送到前线。刘润宝在枪林弹雨中走了将近一个小时，终于把200多个烧饼送到了东口子外前线新四军将士的手中。

刘润宝烤烧饼

黄桥决战胜利后，刘润宝受到了陈毅、粟裕、陶勇等新四军首长的亲切接见。首长们问起刘润宝的家庭情况和烧饼店的历史，还仔细询问了黄桥烧饼的制作工艺，对他做的烧饼大加赞赏，并将他誉为"黄桥火线支前第一人"。

20世纪50年代后期，黄桥成立合作饭店，刘润宝的烧饼店也参加合作,刘润宝被聘为门市部主任。到80年代,黄桥东进饭店建立,刘润宝进店重操旧业,专门负责烧饼车间。他在继承前人经验的基础上不断革新,加大新品种的开发,随着季节的更迭而变换烧饼的品种,春有三丁、韭菜,夏有绿豆、枣泥,秋有蟹黄、开洋,冬有肉松、萝卜丝等一系列新品,并创造了一年产值50多万元、纯利37万元的烧饼销售神话。

1984年,刘润宝被邀请去南京金陵饭店,专门给党和国家领导人以及外国贵宾现场表演做烧饼的绝活。未曾启程,刘润宝便犯愁了,三天未能入眠:烧饼是要即日调酵次日做,饭店却是主随客便,立等可取的,酵面不好,烧饼怎香?他挖空心思,反复尝试,终于有了办法:将酵面浸于素油之中,既能控制发酵,又添烧饼酥头。后来店方有意留下刘润宝,但由于家中有一些难以克服的困难,两年后,刘润宝还是婉言谢绝了店方的挽留。

从南京回来没几天,清华大学的人慕名而来,盛情邀请他去做烧饼,老伴、子女担心他的身体,劝他不要去。刘润宝思量良久,最终决定北上,带着一把小米葱,他说:"北方只有大葱,做烧饼还是用小米葱香。"

从北京回来后,刘润宝决心将自己的手艺传授给后人,让制作黄桥烧饼这个古老的工艺发扬光大。他的想法得到了泰兴文化馆和黄桥文化站的大力支持,先后举办了多期烧饼培训班,培养了一大批做烧饼的能手。刘润宝自感责任很大,总是恨铁不成钢,他先后带了几十个徒弟,没有不被敲打的:一次徒弟冷酵,叫做"出胎气",只需三十分钟,结果冷了一个多小时;小儿子忠元案台上做成的烧饼没排成梅花式,排梅花式一眼就能看出烧饼的大小。诸如此

《刘润宝冒险送黄桥烧饼》的报道

类事情都要被敲打敲打。严师出高徒，现在黄桥的烧饼师傅里有相当一部分是那时候培训出来的，并有数百名烧饼制作人才输送到全国各省市高级酒店和单位食堂，从而使黄桥烧饼这一民间小吃登上了大雅之堂，为黄桥与外地的经济联系架起了一座新的桥梁。刘润宝为振兴黄桥经济立下了大功，被当地群众尊称为"烧饼大师"。

刘润宝大师一生致力于黄桥烧饼事业，他先后受到了全国人大常委会原副委员长叶飞等中央领导的接见，他的事迹被《新华日报》、《解放日报》、中央电视台、上海东方电视台等多家媒体报道，他和黄桥烧饼一起走出了小镇，走向全国。2000年，经黄桥镇政府特别准许，刘家黄桥烧饼店更名为刘润宝烧饼店，以纪念刘润宝这位为黄桥烧饼作出重大贡献的大师。这在黄桥是第一家，也是唯一的一家。

【作者简介】

何雨生，江苏省作协会员，泰兴市作协副主席，黄桥历史文化研究会秘书长，曾在《雨花》《北方文学》《青春》《文学港》《青年作家》等杂志发表中短篇小说80余篇，著有小说集《木头伸腰》、长篇小说《午夜时分的化工厂》等。

荀义泰烧饼店

◎ 何锡龄

荀义泰烧饼店是一家老字号店铺，位于黄桥镇双圈门（现罗家巷南端）西北角，店面为拐角处两间屋，南临东大街，东朝罗家巷。该店曾经以生产黄桥烧饼远近闻名。

据老店主荀宝仁后辈回忆，此店开业时间大约在清宣统末年。荀宝仁原籍东台，妻子荀田氏，海安莫家庄人。据荀宝仁的五女儿、现已92岁的荀艳霞老奶奶介绍，"荀"这个姓少有，旧时多为贫困百姓姓"荀"，当时做轿夫，在码头上当搬运工，至上海滩拉黄包车的人大多为她们这一姓的子弟。荀义泰烧饼店是荀宝仁结婚后到黄桥开的，开业时间大约在她大姐出生前的一年，即宣统末年间。

荀义泰烧饼店开张前，黄桥镇上的烧饼都是草炉烧饼，荀义泰烧饼店开张后，首先用上了煤炭，这种受炭火烘烤的烧饼，没有烟熏火燎的斑斑焦痕，外表还显得油冒冒的，很快在镇上引起了轰动。自开张之日起，一连三天，门庭若市，顾客争相购买。

1985年，该店北隔壁邻居、原黄桥大德生药房的老板钱慈善先生，在台湾《泰兴》杂志《不落句点的乡情》一文中曾对此作了回顾。该文中提到，据他母亲讲，她十多岁的时候（约1889年），黄桥的烧饼还都是草炉烧饼，荀义泰烧饼店开张后，由于生意兴隆，立刻引起了西边大石桥处两家烧饼店的注意。这两家的老板虽为同胞兄弟，但因生意上的原因，一向不和睦，可在烧饼生意同时受到影响的情况下，不得不携起手来想出个对付的办法。果然，打从第四天起，荀义泰烧饼店的生意突然冷清起来，半个月不到，几乎门可罗雀了。派人打听，才有人说"煤炭烤出来的烧饼，吃了会中毒"。为了打破谣言，荀家办了几桌酒席，将全镇十几家烧饼店的老板、掌炉大师傅统统请来，大家酒足饭饱之后，荀田氏当场把炭炉构造、炉火控制法作了介绍，并提出炭火烘烤的烧饼，至今未见人吃了中毒。作为同行，虽然他家在改造这种炭炉中花了不少心血，但现今将它公开，为的是大家都有生意做，不要去听信谣言，要在生意上做合理的竞争。

自此以后，草炉烧饼在黄桥绝迹，烧饼店都用上了炭火炉子。除炭炉外，荀义泰烧饼店在烧饼品种上也有突破，涌现出诸如斜角饼、"草鞋底"、韭菜饼、"蟹壳黄"等多个品种的烧饼。在这一公开竞争中，由于荀义泰的烧饼品种多，质量好，荀田氏人长得漂亮（人称"烧饼西施"），荀义泰的生意因此越做越好，名气越来越大，并沿袭到后来相继执掌店务的三个女儿身上。对钱慈善先生所表述的一切，据荀宝仁的第七个女儿，现年84岁的荀玉仙讲，文中所讲大体符合当年的事实。其中所说大石桥同胞兄弟的两家烧饼店，可能是作者记忆有误，不是兄弟俩，而是夏宝仁和喊作严家丫头的两家。至于提及的三个姑娘，因为她有六个姐姐、一个哥哥，这里应为五姐荀艳霞、六姐荀玉华和她自己。六姐10年前去世，五姐和她仍健在。荀义泰烧饼店之所以能在众多烧饼店中异军突起，后来居上，其成功的原因有多个。

首先是采用了当时最为先进的炭火烤制方法，过去用麦草作燃料，无论是燃烧时间还是力度，两者之间的差距显而易见。

其次，作为一个外来户，能将炭炉的秘密不据为私有，在和盘托出的同时又希望大家公平竞争，这种无私和包容的开阔胸怀，应是儒家仁义精神的一种体现，由此赢得人们的尊敬。

再次，注重烧饼质量。要想将烧饼做好，必须要有好面，作为烧饼的主要原料，虽说都是面粉，但荀义泰烧饼店所用的面粉都是自己加工的。

买来小麦后，先用水淘，去其泥屑和麦壳，拣去沙石等杂物。晒干后，放到碓臼里舂，尽可能去其皮，使之成麦仁。将麦仁放到专门打制的细磨上磨，磨成面后用细罗筛筛，去粗取精，使之达到洁净细绵的要求。生意做大后，家中曾专门买了三匹马用以拉磨。

最后，也是最主要的，能在原有基础上不断拓宽经营品种，起先仅在早晚市做烧饼，后增加做酥饼。由于酥饼质量上乘，脆香可口，镇上的同德生、老宝成、文华斋、信和泰等商店都曾用荀义泰做的酥饼作为礼品送客。当时是50个酥饼一扎，用牛皮纸包装成四角崭方的形状。

由于生意做得大，荀义泰烧饼店砌上了一大一小两个烧饼炉，不太宽敞的店堂里，沿墙角一圈有16个荷花缸，那是贮存酥饼、面团发酵所用的。存钱的毛竹筒有一高一矮两个。荀宝仁的子女长大后，都曾在店内干过活，特别是每天中饭后，六个女孩子围在面案前，七手八脚数着从毛竹筒里倒出来的铜板，闹哄哄的场景常引得路人驻足观望，引为乐事。其中，手脚最快且数得最准确的是艳霞和玉仙二人。这些铜板包扎成一百个或二百个一摞后，早就候在一旁的典当伙计便笑眯眯地拿回去，换成银元送回来。荀义泰烧饼店开张时的店面房为泰兴人朱泰昌家的，当时荀义泰是临时租赁。刚开张时，也仅有荀宝仁夫妇和一个掌炉师傅高老四。生意做大后，员工最多时有6人。高老四因常年站在炉前，两只胳膊都被炉火炙得通红。患病去世后，是荀宝仁一手为他办的后事。多年经营后，荀宝仁将店面房抵押下来，并在镇西封家园建起前后两进，后有磨坊的宅院。他在61岁时病逝，荀田氏带着几个女儿继续经营，后因荀田氏身体不好，才有了钱慈善老先生文中所提及的艳霞、玉华、玉仙三人共同掌管烧饼店的事。

抗日战争时期，日本人入侵黄桥，该店关门歇业。

（文章选自泰兴历史文化研究会文史资料，2018年作品，有删改）

【作者简介】

何锡龄，黄桥历史文化研究会理事，曾任泰兴市人民广播电台台长，著有《泰兴纪事》《延令笔记》等。

师恩伴我行

◎ 刘鹏旋

黄桥决战那年，刘润宝开的烧饼店夜以继日地做烧饼送上前线；新中国成立后，新四军老将军们来黄桥战地重游，都是刘润宝亲手做烧饼送到老将军们的手中。刘润宝退休后，曾先后应金陵饭店、清华大学之邀请去做过一段时间的黄桥烧饼。我想，称刘润宝为黄桥烧饼的一代宗匠，恰是实至名归。

偏偏是张天勇有这个福分，师从刘润宝做黄桥烧饼18个年头。1988年，待业青年张天勇分配进了国营东进饭店，刚进店的头几个月，他在烧饼间专司摭酵的活计。刘润宝是退休后被留在烧饼间掌管技术质量兼带徒弟的。那天刘润宝全程目睹了张天勇摭完五十斤酵面才走开的，不出多日便将张天勇调至东进饭店第二门市部跟在自己身边做学徒。从此，刘润宝在张天勇心里留下了师恩如山、终生敬畏的永恒记忆。

凶狠的响子柄。 在张天勇的记忆里，徒弟挨师傅的响子柄那是常事。不过，一般不犯大忌的事，师傅只是用响子柄打你的屁股，以示警告。而让张天勇牢牢记住的，是师傅用那黄杨木的响子柄狠狠地敲打了他的头。当然，那次他是真的犯了大忌——是老酵的事。老酵的操作过程通常是这样的：首先是烫酵，用滚水将面粉搅和成雪花状；其次是凉酵，将烫好的酵面自然凉透,如是夏日需4个小时;酵面凉透后与一定比重的老酵头相拌一刻钟,再用虚拳摅酵五六分钟;最后是揉酵,揉酵是将酵面揉成条状后抓两头往中间对接,再揉,再对接,如此反反复复2个小时,直到酵面表层光滑如镜。那天张天勇偷懒,揉酵才1个小时就排酵了。师傅操面刀切开酵面一看端面,他没看到细密的芝麻孔状,而是一片糊状。那一刻,师傅捏住响子柄指节"咯咯"作响,瞬间"笃"的一声落在了他头上。他的手瞬间捂着痛处,头顿时就涨出个一半鸡蛋大小的瘤子,直到一个礼拜后才慢慢退去。张天勇还清晰记得,师傅愤愤的那张脸真有点吓人,狠狠地撂出一句:"不按规矩来,给我走人!"

吓人的眼神。凉酵,从做事层面上说,是一道最简单不过的事,这一过程唯一需要的是时间。假如你不给予它足够的时间,酵面会给颜色你看——要么粘,要么酸,要么不虚松。师傅凭经验只要一个动作就能看出凉酵凉得透不透:凉透了的酵用手一抓酵面会立即脱开,朝上的一面呈马蜂窝状,孔有蚕豆大小且大小如一;而凉不透的酵用手一抓,脱开时不利落,会有拉丝状,孔只有黄豆大小且大小不一。那天师傅亲自上案台,是因那与他称兄道弟的何星海事先有拜托,要来买烧饼去给贵宾送礼,于是师傅出于情义,以防万有一失,偏偏又让他逮了个正着——酵没凉透。张天勇如今还清晰记得,师傅抓的一把酵面是从手指缝里捏挤出来的,那双愤怒的眼睛里的凶光射向他时,犹如那响子柄直落他头上那样凶狠,那种凶狠近乎"毒辣",让他顿时毛骨悚然。从此,张天勇牢牢记住:师傅法眼恢恢,容不得徒弟做事有半点差

烧饼大师刘润宝(右3)

池；从此，尤其夏日，为了凉酵凉透，张天勇经常与师兄弟搭着装酵面的匾子去附近的巷子口追风凉酵，不敢有半点懈怠。

拂袖而去的背影。 刘润宝刚离开东进饭店那年，一家店主三顾茅庐恳请他去撑几个月的门面，碍于情面他去了。毋庸置疑，刘润宝往那案台边一站，便是这家烧饼店不挂招牌的招牌。不过，刘润宝有言在先："我站这门面一切按老规矩来，不可造次。"偏偏遇上做豆沙糖馅儿的事。按老传统豆沙是洗出来的：红小豆煮烂了，用清水捏洗，滤去皮壳，然后用布袋脱水。店主图省事主张用石磨直接磨沙，而磨沙与洗沙的粗细、色泽、口感截然不同。刘润宝听话听音，店主是那种一意孤行没有商量的口吻，于是他解去围裙往案台上一甩便拂袖而去。张天勇如今还清晰记得：师傅拂袖而去是那样的大步流星，像是对弈扳回了一场险局后的凯旋；师傅拂袖而去是那样的大义凛然，令那店主怯生生地投去敬畏的目光。

不完美不罢休的执着。 张天勇跟着刘润宝学徒还真见过世面。南京金陵饭店的人慕名而来聘请刘润宝去做名点大师，他一口应允后犯愁了：烧饼是即日发酵次日做，酒店是主随客便立等可取，要能让酵面随机应变，办法从何而来？金陵饭店行政总厨想让他用酵母发酵，他坚决不同意，当即表示：给我三天时间，一定以传统的发酵方法，做最好的烧饼。刘润宝凭几十年的经验，估定中晚餐酒席时间各三至四小时，他用错时发酵分一二三批次，每批次设定时间差。张天勇是跟随师傅去的，师徒同住一室，二人将酵面搬进宿舍，夜以继日反复多批次试验，终于摸索到了错时发酵的秘诀。张天勇如今还清晰记得，师傅说话言而有信、滴水成珠，真是三天三夜几乎没有睡好觉，成功之后他语重心长地对徒弟说："好酵才能做好烧饼，黄桥烧饼一旦丢掉了老传统，不仅是丢掉了烧饼的魂，还丢了黄桥人的脸。"

....

我对黄桥烧饼情有独钟，缘自家乡情结。我拜读过顾寄南入选中学教材的《黄桥烧饼》，任镇长时我主办过首届黄桥烧饼节，离任后我写了《润宝烧饼店》。张天勇跟在师傅刘润宝身边那么多年，接受了太多的耳濡目染，留下了太多的深刻记忆。由此我心生好奇——去追踪张天勇离开师傅之后的人生脚印：

迷茫着、寻觅着的时光。1993年黄桥东进饭店改制，张天勇和妻子同时转岗。那段时光他没有惊慌失措且消沉，唯一明白的是：天上不会掉馅饼。他当过厨师，因自己做事的原则与雇主的价值观不符，于一年后离开；去泰州二中大门口开了家夫妻烧饼店，可好景不长，面临城区拆迁改造被迫关门；从泰州回来开了熏烧店，惹得呼朋唤友、吃吃喝喝的事多，不赚钱便歇了业；受人之邀去南京江宁一家黄桥人开的烧饼店，名曰当家师傅，实为打工，将师傅传授的技能发挥得淋漓尽致，把师傅教诲的规矩坚守得有板有眼。当赢得了一方口碑便触发自己的一番思考，然后斥骂自己：落魂在外，为何不回去开自己的黄桥烧饼店？

烧饼店开张的头一天就遭遇罚款。张天勇回黄桥开烧饼店是经过一番思量的：他把地点选在新四军黄桥战役纪念塔南侧、黄桥汽车站对面，与两家烧饼品牌店相邻。其家人多有反对，他没听，因为这是他三思而后行的决定。他跑去向歇业卸任的东进饭店老经理请教：我这下岗职工开烧饼店是否可以冠名"东进饭店黄桥烧饼店"？那老经理也许是出于愧疚与同情，便不假思索"同意"了这一冠名。没想到，张天勇烧饼店开张当日，工商所接到举报就上门了，说"这店名有违商标法有关条款，处以五百元的罚款"。张天勇缴了罚款遂急中生智重新取店名为"天勇永进黄桥烧饼店"，冠以自己的名字，将"东进"改为"永进"，解读为"张天勇要永远奋进"。他发自内心地感谢这张罚单，万事开头难这个大写的"难"犹如上天赐予他的一剂清醒剂：人生的路唯有靠自己一步一个脚印方能行稳致远。"天勇永进黄桥烧饼店"起步时为一间门面、一只桶炉、一张案台的一爿店，张天勇每时每刻都拿师傅常说的一句话告诫自己：烧饼好不好吃，是吃的人说了算！生意一天天好起来了，一间门面拓展成两间，与另两家烧饼品牌店并驾齐驱，与新四军黄桥战役纪念塔相互映衬，成了那年代黄桥的一道风景。

抓住首届黄桥烧饼节的机遇崭露头角。2001年的首届黄桥烧饼节，那是万人空巷，游人如潮，几十家烧饼店齐聚公园广场同场竞技，盛况空前。主办者旨在宣传黄桥、推进烧饼产业发展与招商引资、促进旅游一举多得。而之前向各烧饼店发出动员时，不少业主出于给政府面子只是勉强应允，导致仓促上阵而后悔不迭；多半店主没想到公园广场挤得水泄不通，买卖烧饼几乎是在人头上交易，一片火爆。而早有敏锐意识、有备而至的业主中张天勇是其中之一，他举家老少上阵，那三天三夜几乎是马不停蹄、人不下鞍，不亦乐乎忙得热火朝天，他没想到办节三天他卖了三万六千多只烧饼。烧饼节期间，黄桥烧饼协会会同质监、工商部门和居民代表组织的三轮评比评选中，"天勇"与"为群""黄桥宾馆"同获"黄桥烧饼优质产品奖"。妻子一乐说："烧饼节你是名利双收。"他回妻子一句："天勇永进，就是要一步一步地进步。"

"天勇永进店"的艰苦跨越。2008年黄桥新汽车站落成，八间门面房以八万元底价公开竞价招租，倾囊只有五万元的张天勇最终以十八万元拍下。租金、装修加上添置设备，他是背着沉重的债务举步的，以烧饼店为主业，兼营小旅馆、小吃店，但还是连续两年亏本经营。第三年随着周边人气旺起来生意便好起来了，他随机应变调整经营思路：关掉小旅馆、小吃店，扩大烧饼店规模，以办培训班与之相辅相成，走产业发展的路。他与员工同甘共苦，以实绩论英雄：从酵面上了案台到烧饼制作的全过程流水作业，每道工序一道压着一道做，从看速度、质量到看动作的规范与熟练程度；他常与一年满期的徒弟比试技术，徒弟保质保量速度超过师傅的，每有一次当月工资加五百元；对刚入门的徒弟每月考核后调换一道岗位，每道岗位都能一次性考核通关者优先留用；他在用料的优质优选上身教重于言教，从面、油、糖主材到各种辅料的选购专人负责，向员工公开透明、接受评判与监督，并列为员工培训的专门一课；他经常向员工讲述师从刘润宝学徒时的故事，旨在教育其如何继承与坚守传统规矩。店里招了名二十多年工龄的师傅，此人在烫酵、老酵上越过传统走捷径，还声称烧饼照样能卖掉。他没有高谈阔论，而是面向全体员工上公开课：他与这名师傅各做五十斤面的烧饼，现场比试，接受评判。结果因其酵面、技艺上的差别，他在烧饼的色泽、层次、饱满度及数量、口感上全都优于对方，终让这名师傅心悦诚服。正是张天勇一步一个脚印的不懈努力，历经六年的苦心经营，"天勇"实现了自我跨越：从每天做五十斤面到高峰时做四五百斤面，员工从四五个人增加到二十多人，培训班累计培训学员六百余人。

为黄桥烧饼争取新的光荣。 张天勇跟随师傅那么多年，骨子里积下了特别的烧饼情结：只要是为黄桥烧饼争取荣誉的事，他总是表现出一种全力以赴、志在必得的执着。2004年江苏名特优农产品交易会在上海虹桥农展馆举行，由市发改委推荐，张天勇率员参展，烧饼现做现卖。那人潮蜂拥的现场出人意料的火爆，一片"阿拉"声中向来自负的上海人个个都跷起了大拇指，案台上三人迅速增至八人依然供不应求，获得优秀参展奖。在2012年江苏南京农产品的博览会上"天勇"与"为群""黄桥宾馆"并驾齐驱全获金奖。2016年10月，张天勇率员参加第六届中国（江苏）国际餐饮博览会，黄桥烧饼被授予"中华第一饼"的殊荣。见到那块金光闪耀的匾牌时我想，如果是黄桥人自称黄桥烧饼是"中华第一饼"，那是自吹自擂，有狂妄自大之嫌，而这官方的国际博览会授予的殊荣，是归于黄桥这座千年古镇的荣耀，是所有黄桥人的光荣。

非遗传承任重而道远。 2011年，张天勇被认定为泰州市级非物质文化遗产"黄桥烧饼制作技艺"代表性传承人。2018年，他注册成立了江苏天勇黄桥烧饼文化发展有限公司，集烧饼标准化生产与非遗传承培训为一体。2020年，张天勇被评为江苏省乡土人才大师示范工作室领办人，同年被认定为江苏省非物质文化遗产"黄桥烧饼制作技艺"代表性传承人。我了解到，非遗传承人的认定由地方政府推荐，认定过程是：本人作非遗项目历史由来简介，现场进行制作技艺演示和传统制作工艺流程介绍并接受面考，然后进行非遗传承书面考核。全过程由专家组逐项考核打分评定。而在社会层面上，对于非遗传承有一个理解的误区：不少人把"非遗传承人"视为一种荣誉与光环。我以为正确的理解是这样的：民族的、民间的传统技艺是宝贵的历史文化遗产，必须加以保护传承、发扬光大，这是非遗传承人的使命与担当。那天我从与张天勇的一番交谈中明显感觉到，他那"压力山大"的负重感与不辱使命的责任感交织着，凝结成了一种坚韧与自信。

我与张天勇几乎有一代人的年龄差，我以一种近乎长辈的口吻问他："你作为非遗传承人，如何不负父老乡亲的众望，好好作为、天天有为呢？"于是他向我娓娓道来：自2020年，省里组织非遗美食、红色文化进校园，先后去了省内十所大专院校演示、讲课，与学生交流互动，推广宣传黄桥烧饼。现在镇区内开设五个店：镇政府对面广场四间五层是江苏天勇黄桥烧饼文化发展有限公司本部；汽车站八间门面集堂食、展示、销售、培训于一体；在黄桥战役纪念馆接待中心设生产销售一体化销售点；在丁文江纪念馆开设土特产超市；为助推旅游，在米巷刚新开"红满天"烧饼店。"红满天"出自陈毅诗句"十月红旗满天飞"……

也许是经不住"红满天"这颇有诗意的店名所诱惑，那天下午我去了位于米巷西端的红满天烧饼店。四间老屋的店面，西两间桶炉、案台、柜台依次排开与店堂横向各占一半空间。一对中年夫妇游客正在柜台前买两盒烧饼。东两间陈设几张做旧的条桌长凳，东墙上挂的"黄桥烧饼好出名的"书法匾额，是毛主席晚年的生活管理员吴连登所书。常有人问我，毛主席真说过这句话吗？我告诉他们，确有其事且真实可信：有一天清晨，毛主席通宵达旦工作后在中南海散步，警卫员陈长江紧随其后。毛主席问："你哪里人啊？"陈回话："江苏海安人。"毛主席说："当年陈老总在那一带打过仗，黄桥烧饼好出名的。"2001年11月，我们特邀陈长江参加了首届黄桥烧饼节呢。

站在那块书法匾额前与它对视的那一刻，我不禁感慨：历史见证，黄桥烧饼好出名的！见证历史，黄桥烧饼还是好出名的！这，要靠我们黄桥一代一代的业内的和业外的仁人志士不懈努力，共同珍惜和维护这份荣光。我们应当共同记住《论语·泰伯》所云：士不可以不弘毅，任重而道远。

【作者简介】

刘鹏旋，中国作协会员，曾任泰兴市纪委副书记、黄桥镇镇长等，著有散文集《家住黄桥》《众生的黄桥》《您好，何玉英》等。

黄桥烧饼的"光彩之星"

◎ 陈庆生

顾林忠是哼着《黄桥烧饼歌》、吃着黄桥烧饼长大的。但他真正学做黄桥烧饼，还是他中学毕业后的事。当时，年仅16岁的他，就跟着姨妈学做黄桥烧饼，姨妈手把手地教，顾林忠一点点地学，短短4个月，制作烧饼的每一道工序他都已经烂熟于胸。

出师后不久，他应邀来到古城扬州，帮人家早点铺做黄桥烧饼。在扬州的日子，扬州富春包子味美可口并销往国外的故事给了他深刻的启示：自己为什么就不能在黄桥烧饼上做出一篇大文章呢？

两年后，顾林忠回到了家乡，立志靠久负盛名的黄桥烧饼闯出一片新天地。万事开头难。刚开始，他在黄桥信用社西侧租赁了一间窄小的房子，开起了自己的烧饼店。一个桶炉、一张案板和一百元流动资金，就是他最初的全部家当。没有钱买面粉，他就和人家说好话，请人家先把面粉赊销给他，待他卖出了烧饼再还钱，虽然很艰难，但他开始了最初的资本积累。

做烧饼是非常辛苦的。每天早上3点半起床，点炉子、烫酵、揉面……红红的炉火，映衬着顾林忠年轻的脸庞。可在顾林忠看来，那炉火就像毒蛇的舌头，无情地舔着他的小臂，日复一日，手臂上的皮蜕了一层又一层。天道酬勤。因为他做的烧饼松脆味美，顾客越来越多，第一年，他每天只能做五六十元钱的生意。随着回头客越来越多，到第二年，他的生意额就翻了几番。

已经有了一定收益基础，顾林忠毅然决定扩大规模，向更高远的目标迈进。他租赁了一间大屋子，挂上了"为群烧饼店"的牌子：烧饼炉子由过去1个增加到2个，人员也由最初的3人逐渐增加到8人。规模扩大了，烧饼质量也越来越好，"为群烧饼店"声名鹊起，营业额迅速上升。顾林忠注册了"为群"品牌商标，这在黄桥的烧饼店里面是为数不多的。

一个好产品，成就一个好店铺，顾林忠烧饼做得好在古镇可以算是赫赫有名，不少单位都邀请他去传经授徒。那年，在唐山市福利院召开的"创优福利院"现场大会上，顾林忠应邀去"献艺"。他不负众望，高超的手艺博得了民政部的领导连连称赞："黄桥烧饼名不虚传。"这让顾林忠受到了莫大的激励，他暗自下定决心：一定要不断改进加工工艺，把黄桥烧饼做得更好，把黄桥烧饼的品牌打得更响。

顾林忠回来就创建了黄桥烧饼技术培训中心，开始招收全国各地的学员。这样做可以一举两得：烧饼生意照做，又开辟了一条新的财路。培训中心的牌子挂出来之后，河南、河北、湖南、湖北、浙江、上海等省市的学员都慕名而来，本省的苏州、无锡、东台、如东、兴化、姜堰等市区学员也纷至沓来，本地黄桥的青年更是近水楼台先得月，来向顾林忠学习烧饼加工技艺的更多。应该说，顾林忠的一个小小举措，却促使黄桥烧饼走出黄桥，走出江苏，走向全国。而顾林忠自己，也获得了事业上的成功。

"一人富了不算富，大家富了才算富。"凡是到顾林忠这儿参加培训的学员，他都悉心指导，热心讲解，毫无保留地把自己的技术传授给他们。当学员遇到困难时，他也能给予大力支持，引导他们早日走上致富路。黄桥学员顾忠成出师后，在黄桥一时找不到店面房。顾林忠了解情况后，主动出面帮忙，终于在黄桥电机厂附近帮他租了一间。不仅如此，开业之初，顾林忠还一直在那儿指导，直到弟子的生意走上正轨，他才放心地离开。对外地学员顾林忠也一视同仁。2020年9月，安徽学员马长江在培训期间不小心被开水烫伤，顾林忠出钱并亲自送马长江到医院治疗。后来，马长江学成回安徽后，在加工烧饼的过程中遇到了困难，顾林忠又及时给予技术指导，使他逢"凶"化吉。

据悉，二十多年来，到顾林忠这里拜师学艺的总计有两千人，其中大部分是下岗职工。他们中的大多数人正是凭从这儿学到的一门烧饼手艺，逐渐走上了致富之路。2004年，中央电视台7套《致富经》栏目播出了采访顾林忠的15分钟专题片《花心烧饼痴心人》，对他带动一方致富的举动竖起大拇指，节目播出后反响热烈。

随着城镇建设的不断深入，顾林忠的烧饼店需要拆迁。他服从大局，带头迁出，将黄桥烧饼技术培训中心迁移到当年的黄桥汽车站的对面，这里客流量更大，南来北往的客人都要顺便购买几盒黄桥烧饼带回去送给亲朋好友，顾林忠的生意更加红火了。这一年，顾林忠又在黄桥购买了一块地皮，自建了店面房。这样，经过三十几年的苦心经营，顾林忠的生意已经今非昔比，不仅拥有两处门面房、六家连锁店，而且配备了电烤箱、烘箱、铁炉和一条龙生产机器等比较现代化的设备，成立了黄桥烧饼技术培训有限公司。现在又新投入3000多万元建设标准化厂房，将企业建设成为黄桥地区集加工、销售、技术培训、综合服务于一体的规模最大的黄桥烧饼产业基地。

市场是瞬息万变的，让烧饼走出黄桥，变成中国式的"肯德基""麦当劳"是几代黄桥烧饼人的梦想，顾林忠和他的侄子顾峰就是其中最出色的实践者。他们尝试过开连锁店、邮政物流配送、网络带货等方式，以扩大市场规模，而真正点石成金的措施竟然是高速服务区市场。2009年2月，江苏宁靖盐高速公路有限公司黄桥服务区建设完成，在引进地方土特产商品时，颇具地方特色的黄桥烧饼成为首选。"为群"凭借自己过硬的QS和ISO质量和安全认证体系，在同行业中脱颖而出。这一次机缘，让"为群"黄桥烧饼顺利进入高速公路服务区市场。他们借鉴嘉兴粽子的做法，学习采用速冻方式，配备冷藏室与烤箱，现烤现卖。为此一下子贷款投入了100

万元进行技术改造,购买新的一条龙生产设备,新建了冷库,买进了冷藏车。市场是在消费者的口碑中广为流传的,一传十,十传百,口碑相传的"为群"黄桥烧饼得到了高速公路各服务区顾客的争相青睐。如今"为群"黄桥烧饼已经入驻宁靖盐高速、长深高速、深海高速、沪宁高速等江苏境内的大部分服务区,以及浙江境内的一部分服务区。

这些年来,顾林忠在艰苦创业的同时,坚持诚信经营,不断提高工艺水平和质量,他被劳动部门认定为"乡土人才技能大师",又被国家市场监督管理总局推举为"光彩之星"。中央电视台、《人民日报》、《中国食品报》等国家级新闻媒体多次对企业进行专题报道,中央电视台《记住乡愁》主持人李七月专门来店现场采访并盛赞黄桥烧饼美味。江苏综艺频道《味道》栏目2018年5月专门请公司董事长顾林忠到演播大厅做客,讲述黄桥烧饼美食文化。

顾林忠,这位黄桥烧饼的传人、老区人民的后代,正沿着党指引的光彩之路,不断创新,勇攀高峰。

【作者简介】

陈庆生,江苏省作家协会会员,泰兴市作家协会副主席,著有散文集《黄桥码头》《船头明月》等。

黄桥烧饼入选"开国第一宴"菜单

1949年10月1日开国大典当晚,新中国举行了第一次国宴,由北京饭店承办。开国大典之夜,中共中央领导人、中国人民解放军高级将领、各民主党派和无党派人士、社会各界知名人士、国民党军队的起义将领、少数民族代表,还有工人、农民、解放军代表,共600多人出席了在北京饭店举办的新中国第一次国宴,总共60多桌,此次宴会后来被称为"开国第一宴"。

由于出席宴会的嘉宾来自五湖四海,口味不一,为了能做到兼顾,宴会决定选择口味适中的淮扬菜,辅以各种特色小吃。

可当时的北京饭店主要经营西餐,尤以法餐见长,于是,缺乏中餐制作经验的北京饭店先是临时搭建起了一个200平方米的中式厨房,随后邀请了当时北京有名的淮扬饭庄——玉华台的朱殿荣、王杜堃、孙久富等9位淮扬菜大师,带领着10位北京饭店的西餐大厨,完成"开国第一宴"。

黄桥烧饼被列入其中。具体菜单如下:

【冷菜】五香肉干、桶子笋鸡、水晶肴肉、酱牛腱子、
兰花干、四宝菠菜、炝黄瓜条、醉冬笋、油焖冬菇

黄桥烧饼入选"开国第一宴"菜单

"开国第一宴"菜单

【热菜】扒黄肉翅、冬菇扒鸭、红烧鲤鱼、红烧狮子头、烧四宝、干焖大虾、烧鸡块、冬笋太古菜、糖醋小排骨、大煮干丝、罗汉斋

【汤菜】清汤官燕

【点心】炸春卷、黄桥烧饼、淮扬汤包

不难看出,"开国第一宴"所定菜单、所用原料并非大家想象中的高档华贵,反而大部分菜肴都是家常风味,在很多餐厅也都能吃到这些菜肴。

值得一提的是,"开国第一宴"是开国至今所有国宴中最为丰盛的一次国宴,随后不久,为了不在国宴上铺张浪费,周恩来总理定下了"四菜一汤"的国宴标准(冷菜、水果不包括其中),至今照行不误。

无论如何,"开国第一宴"背后的意义远比具体的菜式要更加深远,"黄桥烧饼"被选为北京主题名宴里的第一宴,实至名归。

黄桥人引以为豪的烧饼

◎ 林木南

黄桥烧饼吸取了古代烧饼的制作法,成为一种半干式面点,保持了香甜两面黄、外撒芝麻内擦酥这一传统特色,并在花色品种上不断改进,已从一般的擦酥饼、麻饼、脆烧饼等"大路品种",发展到葱油、肉松、鸡丁、香肠、白糖、桂花、细沙等10多个不同馅的精美品种,烧饼出炉,色呈蟹壳红,不焦不糊、不油不腻,形色味俱佳。

黄桥烧饼是以面粉等为主要原料的饼状面点。其主要用料面粉为黄桥地区特产的小麦精粉。其制作技艺以师徒间口口相传为主,具有明显的地方特色。明清时在苏南大城市和南洋各国其都是抢手货。

黄桥烧饼制作工艺较独特,从揣酵(和面)开始就很讲究,天冷烫酵,天热"雪花籽",不冷不热"老鼠喷沙"。兑碱也要因时而定,飘碱面起泡,反之则黏牙。馅和酥分别用猪油和花生油拌面粉擦酥,做烧饼时,酥搭于面团上,用手搓长再卷起,然后用"响子"轻捶一下,翻转至底下再捶一下,调转方向再捶,然后将底翻朝下,刷上糖稀,撒上去皮芝麻,贴入桶炉烤。如此制作出的黄桥烧饼色泽金黄,外观美观,香酥可口,不油不腻,适合各地消费者的口味。

据史料记载,辛亥革命时期,面积约2平方公里、人口不足6000的黄桥,有猪行近20家、油坊20余家、酒行10余家、粮行90多家。商业的繁荣,流动人口的增加，带来了饮食服务业的兴盛。那时，小小的黄桥竟有 100 家旅馆、客栈，20 多家饭馆，4 家浴室，4 家书场，而烧饼店竟达 60 多家。

这么多烧饼店，势必引起行业内部的竞争。店主们不得不在用料、制作和品种上动脑筋，比谁家的分量足，谁家的吃口好，谁家的芝麻撒得多。据说有两家烧饼店的小徒弟，每天端着藤匾"拼市"。一家说，今天我家的烧饼外加两个猪油丁，顾客当然争着买这家的，那家的没人买。第二天，另一家也加两个猪油丁。"拼市"的结果，不仅使消费者得益受惠，而且也大大提高了烧饼的质量。

黄桥烧饼的日臻完美，是多少代烧饼师傅辛勤劳动的结晶，也凝聚着文化人的心血。

早先，何氏是黄桥的名门望族，清道光年间的何萱，不仅结交了龚自珍、李兆洛等硕学大儒，而且与烧饼师傅们也颇多往来，常与他们切磋烧饼制作工艺。据说，按季节不同生产的应时品种，如韭菜烧饼、萝卜丝烧饼、蟹黄烧饼就是这位老夫子出的点子。

战争是残酷的，它摧毁了无数鲜活的生命，摧毁了许多美好的事物。然而，黄桥烧饼在经受了炮火的洗礼后却声名远播。

1940 年，在威震中外的黄桥决战中，黄桥人民冒着枪林弹雨，将一筐筐、一篮篮黄桥烧饼送上前沿阵地，解决了新四军 6000 将士一日三餐之虞，鼓舞了他们的斗志。于是，一曲《黄桥烧饼歌》在炮火中诞生了，从大江南北唱到长城内外，从东海之滨唱到西北高原，一直传唱至今。20 世纪 70 年代，顾寄南的散文《黄桥烧饼》在《人民日报》发表；20 世纪 80 年代，电影《黄桥决战》在全国播映，大量反映黄桥决战的小说、散文、诗歌见诸报端……这一切，更使黄桥烧饼名声大噪。

黄桥人有吃早茶的习惯。早点花式挺多，叫得响的有九斤家的鸡浇、鱼浇，海儿家的蟹黄包……但价格昂贵，一般人家平时吃不起，只能吃大众化的早点，诸如油条、麻团、面条、馄饨之类，但黄桥人最爱吃、最常吃的还是烧饼。烧饼便宜，吃起来方便，至今仍流传着"三个烧饼一碗茶，肚子吃得饱喀喀"的俗语。可以这么说，黄桥人是吃烧饼长大的。

新中国成立后，特别是改革开放以来，黄桥烧饼焕发异彩，品种不断出新，现已开发出20多个品种，甜的有豆沙、白糖、枣泥、生仁等，咸的有葱油、肉松、鸡丝、火腿，还有既甜又咸的龙虎斗等等。1983年，黄桥东进饭店制作的烧饼，因甜鲜不腻、咸淡得当、香美可口、营养丰富被评为省名特产品，被江苏省商业厅授予名特产品证书。黄桥宾馆及一些私营烧饼店如天乐餐饮、为群烧饼店制作的烧饼也颇得食客们的好评。

黄桥人到外地去，只要能扯得上，便会眉飞色舞地介绍开国大典的国宴上，四种糕点中就有黄桥烧饼，言语之间，流露出骄傲和自豪。有客自远方来，黄桥人总忘不了用黄桥烧饼招待。临走时，还要捎上几盒。粟裕、叶飞、姬鹏飞、陈丕显、迟浩田等到黄桥来，都要尝一尝黄桥烧饼。黄桥人到外地去探亲访友，高等学府的学子们寒暑假结束回校，也总要带上几盒黄桥烧饼，分赠亲友和同窗。

黄桥文化站的同仁们对黄桥烧饼似乎有着特殊的感情。1985年以来，他们办了8期黄桥烧饼技术培训班，聘请70多岁的刘仁宝老师傅讲课，先后培训了150多名制饼技师。20世纪90年代末，为群烧饼店继之而起，常年培训烧饼师傅，输送到全国各大城市，现在的江苏省委招待所、南京金陵饭店、烟台大酒楼都有黄桥烧饼供应，一些高等学府如北京大学、清华大学、郑州工学院、大连轻工业学院等等都开设了黄桥烧饼店。黄桥烧饼店已遍及全国绝大多数省份和城市。

黄桥镇于2001年11月、2004年9月先后两次成功地举办了"中国·黄桥烧饼节"，中央、省市众多新闻媒体作了报道，大大地提高了黄桥烧饼的知名度。烧饼节期间，他们召开了研讨会，探讨黄桥烧饼产业化生产问题，邀请中国食品协会、中国美食协会、江南大学的专家们举办讲座，讲怎样把小烧饼做成大产业、如何制作绿色食品……烧饼节后，业主们迅即成立了黄桥烧饼协会，在提高产品质量、打入超市等方面大做文章，进一步打响"黄桥烧饼"品牌。

黄桥烧饼内涵与发展

◎ 季全保

黄桥烧饼不但历史悠久，而且闻名全国；不但是黄桥的传统美食，而且更有红色基因——黄桥战役传承下来的一段红色经典。一块烧饼传承了千年历史，一块烧饼也留下了红色故事。正因为它有的独特魅力和地方特色，才能拥有"中华名小吃"和"全国第一饼"的美誉！黄桥烧饼从手工制作到产业发展的过程中，得到了全体黄桥烧饼人和地方政府部门的支持、参与，取得了长足的发展。

一 黄桥烧饼的文化内涵

烧饼的历史很悠久，南北朝时期就有记载。宋代人称火烤炙制者为烧饼，蒸笼制者为糕饼，不同的烹制方法形成了两者的区别。古人早就将烧饼和糕饼分得清楚。烧饼全国到处都有，汉代班超从西域传入，到唐宋传入中原各地，而黄桥这个千年古镇以古镇之名来命名一块烧饼的名字——"黄桥烧饼"，是因为这块小小的烧饼背后有一个强大的故事，就是大家都熟知的1940年由陈毅、粟裕将军指挥的黄桥战役。烧饼的加入为战役取胜起到了重大作用，所以一块烧饼被赋予了红色基因和可歌可泣的故事，《黄桥烧饼歌》也成了历史的传唱。正因为有明显的地域特征，烧饼也就名扬国内外。这是历史的赋予，更是军民融合的凯歌，是地标性食物与特定事件的产物，所以能成为开国大典上的点心和美食。

说到黄桥烧饼的历史和地标性特点，就不得不说它背后隐藏的丰富的文化内涵。论历史，一块烧饼有百千年之久，从胡饼发展到烧饼，从充饥的食物变为军民鱼水情的情结，黄桥烧饼造就了自身不同的特质。俗话说：烧饼到处有，拥有红色基因的就此黄桥烧饼，这就是文化的传承、历史的责任，更是黄桥烧饼走得更远的依靠。

二 黄桥烧饼的发展趋势

人们都知道，黄桥烧饼色泽金黄，香酥可口，不油不腻，好吃方便……但是美食多元化的今天，不是靠唱赞歌就能成功的时代，而是讲究美味与营养健康的时候，有诗说"人间有味是清欢"，那么现在的年轻人还有多少喜欢吃烧饼，多少人了解黄桥烧饼？泰州地区靖江的蟹黄汤包，从历史、文化看都不可与黄桥烧饼相提并论，但近几年可以说是声名远扬，因为他们做了大量的宣传与对外扩展。我们千万不能将黄桥烧饼固化在一个地方，而要走向全社会。我做了一个社会调查，就是将黄桥烧饼与常州麻糕对比，因为两者同出一辙。常州麻糕如果叫作"常州烧饼"不但叫不响，还有傍"黄桥烧饼"美名之嫌，干脆将"烧饼"改成"麻糕"，好了，它的定义改变了，地方特性肯定了，松、香、酥、脆、软的特质也出来了，不但不与烧饼争高低，而且更多的占据美食点心的地位。更重要的是将百姓生活中的食品当成了"乡愁食品"，通过名人名家的文字文章进行文化传播，这起到了很重要的作用。

现在，常州将麻糕作为乡土教材，作为创新创业的产品，作为城市美食文化之源和地方名片，在形式上进行创新，在味道上改良使适合各个阶层，在社会形象上打造地方特色……难道这些我们不可以向它学习和借鉴吗？

其实黄桥烧饼的优势很多，是其他地方的美食点心无法比拟的，我相信，只要有文化自信，我们的黄桥烧饼会走得更远！越来越好！

【作者简介】

季全保,中国餐饮文化专委会副主任、江苏省餐饮文化专委会副主席,常州大学、江苏理工学院、常州工学院特聘教授。

无锡与黄桥烧饼

◎ 都大明

油酥饼是无锡传统土饼中最为普通的一种，一年四季都能购买，城乡各处多有供应。近年来，被列入"非遗"的就有江阴长泾、宜兴杨巷和无锡玉祁的油酥饼，其中以惠山出产的油酥饼最为著名，外地来无锡的游客常扎带一些回家。油酥饼因馅料以油酥为主而得名，吃起来酥软香脆，刚出炉的饼一口下去能溢出甜香油。在老无锡人眼里，中秋佳节时油酥饼与月饼同等重要，亦是家中常备的糕点佳品。

无锡油酥饼，近代又叫蟹壳黄，实际上来源于大饼。大饼油条店忙完早市，下午有空便会做一些精致的饼，这就是油酥饼的雏形，油酥饼就此开始发展起来。制作无锡油酥饼的师傅和小业主大多来自苏北，尤以泰兴为代表。据不完全统计，1986年至今，仅泰兴黄桥烧饼先后分散在锡城的约有6家，除了一家由无锡人开设之外，其余都是泰兴张桥一带的人开的。现在的油酥饼不但受到黄桥烧饼的影响，而且也受泰兴解放区对口接管无锡地区（注：无锡当时有相当比例的领导干部都由泰兴南下而来）的一定影响，黄桥烧饼的制作工艺被引入无锡并加以提升。在无锡市挂牌的黄桥烧饼店，饼式也不是黄桥本地烧饼的饼式。现在无锡的黄桥烧饼店做的烧饼是一位宋姓师傅按无锡人的习惯和市场上出售的无锡油酥饼的式样做的，在配料上宋师傅也是按无锡人的口味来仿照黄桥烧饼的配方加料。宋师傅做饼的配料主要有：油酥，十斤面粉加十斤猪油，冬天八斤猪油；糖芯是白糖与面粉。一只酥饼要有十八层粉，所以在刚出炉时，一不小心饼上的酥会碎成屑，纷纷散落。酥饼有甜有咸，咸的是生板猪油同葱斩成泥，加肉松拌和做在饼心里，捏成椭圆形，最具代表性。

二十世纪七八十年代，无锡市中国饭店开始研制升级版的黄桥烧饼，把原来黄桥的大烧饼，改进为现在的小烧饼。中国饭店的名点"一口酥"，几十年间都以黄桥烧饼命名，成为无锡婚庆寿宴中必有的一道点心，并反哺了泰兴的黄桥烧饼，现今泰兴黄桥的精品黄桥烧饼已与中国饭店的如出一辙。

在无锡周边，类似油酥饼的还有拖炉饼、中山饼等。拖炉饼也是江阴的特产，《澄江咏古录》中有记载，至今已有160多年历史。民国时期以朱鸿兴和陆星兴点心店制作的拖炉饼为佳。拖炉饼制作工艺独特，烘烤时用两只炉，下面一只为底炉（平底），上面一只为顶炉（尖顶，呈锥状），烘烤时两只炉同时加热吻合，并以顶炉的热量将饼吊熟，大有顶炉拖底炉之势，故称拖炉饼。拖炉饼以上等白面粉为原料，辅以白砂糖、净板油、荠菜、芝麻、桂花等，口味油而不腻，甜而不黏，清香可口，外形饱满，色泽金黄，酥层清晰。

中山饼也源自江阴。1912年秋末，孙中山先生来到江阴考察，入城演讲。为表达全县人民对中山先生的爱戴心意，在先生演讲前由代表送上江阴本土点心两色：一是馒头，每只时值小钱七文；一是黄烧饼，每只仅值小钱二文。孙中山先生十分高兴地各尝了两只，吃得津津有味。他还表扬了江阴民众以小小的黄烧饼招待他的好风尚："江阴人不铺张，不浪费，最为合意！"为纪念这一具有不寻常意义的逸事，有人士提出将孙中山先生尝过并肯定的黄烧饼更名为"中山饼"，得到了大家的一致赞同，"中山饼"之名一直传到现在，而中山饼与黄桥烧饼又何其相似。

【作者简介】

都大明,无锡城市职业技术学院教授,江苏省餐饮文化专委会副主席,代表作《中华饮食文化》。

我与黄桥烧饼的情结

◎ 陈毅楠

　　黄桥烧饼,是一种古老的具有传统特色的著名小吃,产于江苏泰兴黄桥镇。黄桥镇虽然是一古镇,但她也仅仅是一个小镇,而黄桥烧饼也仅是当地的一种传统食品。黄桥烧饼之所以出名,与1940年10月那场著名的黄桥战役是紧密相关的。可以说,黄桥战役的胜利离不开黄桥烧饼(当地百姓的支援),而黄桥战役的胜利又成就了黄桥烧饼,使之名扬四海。

　　1940年10月4日这一天,是黄桥战役最艰难的一天,陈毅下令进入紧急战备,机关人员、服务团员、勤杂人员、炊事员、通信员一律拿起枪来,上了前线。做饭、送水、送弹药、救伤员的任务全部落到黄桥人民身上。在这最紧急时刻,陈丕显、管文蔚、惠浴宇十万火急地跑到当地首富、爱国名士朱履先(江苏省泰兴县黄桥镇人,清末爱国名士、辛亥革命元老、抗战功臣)家(黄桥镇朱履先中将府),告诉他在前线浴血奋战的新四军将士们已经一天没吃饭了。朱履先赶紧吩咐家人生火做烧饼,立即和陈丕显、管文蔚、惠浴宇一起,挨门逐户动员群众开门,朱履先沿街呼叫:"黄桥的老百姓们,快给新四军烧火做烧饼。"黄桥镇上大小商人和黎民百姓看到朱履先亲自来请,纷纷行动起来。黄桥镇的12家磨坊,60多家烧饼店,日夜赶做烧饼。泰兴黄桥镇是镇外战火纷飞,镇内炉火通红;制作烧饼的大师们是身上汗流浃背，脸上黑里透红；烧饼味飘香数里。朱履先家做出了第一炉支前的黄桥烧饼，他亲自带领家人送往前线。在朱履先的带领下，烧饼、干饭、馒头源源不断地送往前线。"黄桥烧饼黄又黄嗳，黄黄烧饼慰劳忙哩"的《黄桥烧饼歌》就这样在人民的支前洪流中产生了，这歌声传诵至今，令人颊齿留芳，感奋不已。

黄桥战役胜利后，苏北地区成立了行政公署，当时的行政公署主任惠裕宇在成立大会上高度赞扬黄桥烧饼，说："没有黄桥烧饼，就没有黄桥战役的胜利，也就没有今日的苏北行政公署。"

我的师傅任志宏

我的师傅任志宏，是黄桥烧饼制作大师，正宗黄桥烧饼的传承人，一生以制作黄桥烧饼为业，为黄桥烧饼的传承、发展、推广、扩大影响做出了毕生的努力和贡献。

任志宏，1912年生于江苏省泰兴黄桥镇，是闻着黄桥烧饼味长大的。当年黄桥烧饼在黄桥镇是很有名气的早点，从黄桥镇的主街这头走到另一头，都充满香味扑鼻的烧饼味。一个小小的黄桥镇，当时就有30多家烧饼店，而且供不应求。因为家境的原因，任志宏小时候是天天闻着烧饼香，但很少能尝烧饼味，因此幼小的任志宏就立志做一名烧饼师傅，心想不但天天能闻到烧饼的香味，还能天天尝到烧饼的滋味。于是，他的家人托人让12岁的任志宏在烧饼店里做学徒。

当学徒，有着吃不完的苦、做不完的活，整日劈柴、担水、淘芝麻、去芝麻皮……一年下来还没能沾到面粉。到了第二年任志宏才开始学习和面、擦酥、制馅、擀坯，每天和面、擦酥得百余斤面粉，一点空闲也没有，以前的活还得去做（有了新学徒则新学徒做）。到了要出师的前半年，任志宏才真正接触到黄桥烧饼制作的一道关键工序——贴饼。这可是一道硬功夫，而当时任志宏的个头比烧饼炉也高不到一头，他只得在炉边地面上垫上一些东西，身子弯下让手够到炉壁好贴饼，因此手臂时常会烫掉了皮。

由于任志宏吃苦耐劳、勤奋好学，两年的学徒期满，就学了一套制作黄桥烧饼的好手艺，也很快找到了工作。

到了 1940 年，新四军东进抗日，陈毅率新四军进驻黄桥镇，发起了反击国民党军的黄桥战役。我的师傅任志宏也亲身经历了那场战役，他曾回忆说，陈毅在开战前夕，命令黄桥镇的所有门店都必须关门，在地方政府及朱履先的一再请求下，黄桥烧饼店不可关，以备战时急需，陈毅考虑再三才同意仅黄桥烧饼店可以不关，这才有了黄桥人民制作烧饼送前线的动人场面。当时任志宏就是这 60 多家烧饼店的烧饼制作者之一。

1949 年，泰兴黄桥镇成立同业商会，任志宏由于在黄桥烧饼制作上的独特见解及名望，被同行推荐担任了黄桥同业商会主席。

1950 年 3 月，受黄桥人民之托，任志宏带着烧饼炉台和 10 名操作人员，参加了在风景秀丽的扬州瘦西湖举办的首届苏北土特产交流大会，现场制作黄桥烧饼进行展销，得到了与会者的一致好评，给到会人员及扬州人民留下了难忘印象，荣获大会食品第一名。原定一周的展销，在群众的要求下不得不延期展销了一个月。

1952 年 10 月，苏北行政公署根据当地群众的要求，决定由公署出面邀请任志宏主持在扬州国庆路上建一家黄桥烧饼店（现国庆路 204 号，扬州黄桥烧饼总店），开业不到一个月，扬州教场街的姜姓、王姓两家烧饼店也就不冲而散，没了生意。真正的黄桥烧饼也在扬州扎下了根，成为淮扬菜中的一道名点，黄桥烧饼从此走出了黄桥镇。

1955 年，惠浴宇第一次担任江苏省省长，当年参加黄桥战役的同志也多来到南京工作，每每想起黄桥战役，就想起了黄桥烧饼的美味，也想起了任志宏师傅。为此由省政协牵头又把任志宏由扬州黄桥烧饼店调往省政协食堂工作，专做黄桥烧饼，并时常用黄桥烧饼款待海外友人，黄桥烧饼得到了进一步推广，并名扬四海。

1978 年，为了适应当时外事和旅游形势的需要，外事旅游系统的东郊宾馆、南京饭店、双门楼宾馆和丁山宾馆相继在社会上各招聘了一名黄桥烧饼制作名师来店制作黄桥烧饼,并收徒传艺。刚刚退休的任志宏又来到了丁山宾馆,一干又是五年。

我与黄桥烧饼

1980年元月,我由江苏省旅游学校毕业,分配到南京丁山宾馆面点间工作,与任志宏老先生是同事,协助任老先生制作黄桥烧饼也成了我的日常工作之一,而有幸成了任老先生制作黄桥烧饼的关门弟子,得到了任老先生的真传。

我跟任老先生一同共事,也就不到3年时间,他的职业道德操守、他的敬业奉献精神给我留下了深刻的印象,在向我传授技艺时,他是那么的无私又是那么的不厌其烦,使我受益匪浅,终身受益,终身难忘。

从与任志宏先生共事并协助他制作黄桥烧饼(说白了就是当他的学生、徒弟)的那天起,他虽然把我当成同事,但在行动中却实实在在把我当成了他的徒弟,诚心来教导我。他教我如何烫面、晾面;如何掺肥,如何发酵,如何施碱;油面与油酥在什么情况下用什么样的比例;大包酥如何制坯,小包酥如何制坯;咸味馅如何制作,放置多少时间使用;如何使用葱花;咸、甜、椒盐馅有多少品种,如何制作……就连贴饼时的饼坯贴面的选择等细小环节都毫无保留地教授给我。在制作黄桥烧饼的工作实践中,我深刻体会到,任先生教我制作黄桥烧饼的每一个环节都是制作黄桥烧饼的技术关键,真正让我领悟到黄桥烧饼制作的奥妙,只有在名师的言传身教之下,学者用心去练,用心去悟,再由师傅多次纠正,才能学到正宗手艺。遇见任志宏老先生,在他门下学技术,是我一生的荣幸。可惜的是,到了1983年,丁山宾馆旧楼厨房改造,任老先生也离开了丁山宾馆。后来我就很少见到任志宏老先生了。

丁山宾馆旧楼改造时,我们搬进了新厨房,新的厨房因卫生要求就也不再使用传统的桶炉烘烤烧饼,而采用了电烤箱。

采用传统的桶炉和采用电烤箱烘烤虽同属一种成熟方法,而且电烤箱的温度可控度更高、更简便,但要烤出传统桶炉贴饼方法的特有风味,确实是件难事。师傅不在身边，只有靠自己去摸索。

首先在烤制的温度和时间的控制上去探索。通常用电烤箱烤制黄桥烧饼，从成型、外表色泽上看都优于传统桶炉烤，而对吃过桶炉贴烤黄桥烧饼的老食客来说就不是那么回事儿了。

说来也巧，1983年底，著名国画家亚明、宋文治、魏紫熙带学生秦剑铭、朱修立、宋玉麟来丁山宾馆为宴会大厅绘制巨幅国画《金陵山容水色图》，我有幸与他们相识并为他们服务。宋老是个食客，尝遍天下美食，我每晚都去他的住所，听他讲美食，并安排一种美食由我第二天试做给他们品味鉴定。宋老他们在政协吃过任老先生制作的黄桥烧饼，当我做黄桥烧饼给他品鉴时，得到一句话"中看不中吃"，并说我跟任师傅学过，就要做到任师傅那个样才行。之后我根据烧饼在桶炉烘烤的时间、温度，对电烤箱的炉温进行了调整，制作出黄桥烧饼再给宋老品鉴时得到了他的肯定。后来根据宋老的味感，我又在烫面的温度和吃水量上、油面的发酵程度上、成坯在烤盘的摆布上，以及电烤箱上下火的控制上等多个制作细节作了多次改进，每一次的调整改进都得到宋老的肯定。

1985年，南通市国家级重点建设工程南通华能电厂筹建，后经南通市政府牵头，省人民政府出面，1986年6月我调入南通华能电厂外事招待所（后为华通大酒店），多次制作黄桥烧饼，也将正宗的黄桥烧饼制作技艺带到了南通。很多南通市的老领导和华能系统来南通的人员都品味过黄桥烧饼，并给予了肯定。

【作者简介】

陈毅楠，高级烹调技师。1980年毕业于江苏省旅游学校（现南京旅游职业学院），就职于南京丁山宾馆。1986年因支援国家重点工程建设奉调南通华能电厂担任华通大酒店食品总监。出版有《名菜点家作》、《面点制作50种》（中文版、盲文版）、《康疗食谱》、《现代家庭生活》（合作）。在《中国烹饪》《中国食品》《烹调知识》发表技术性文章数十篇。

母亲手下的黄桥烧饼

◎ 何正元

黄桥烧饼因一曲《黄桥烧饼歌》而名扬四海，因支援新四军东进取得了胜利而功垂千秋。黄桥烧饼种类繁多，但在改革开放的今天，人们为了满足当代人的口感追求，借着黄桥烧饼的红色光环，争取商品的最高利润，选择了当时最精致的一种——满面芝麻有各种馅料的小烧饼，作为黄桥烧饼的代表，并施以精美的包装，将她从一种早点食品升级为高档礼品佳肴，成为各地豪门宴席及百姓餐桌的特色主点，并登上国宴。

然而，以前这种烧饼不是所有的人都能吃得到的，只有黄桥街面上一些达官贵人或公子少爷才能享用。他们每天早晨，或买回家或坐在茶馆、饼店里，泡一壶浓茶，盛一碗豆浆，舀几勺豆腐脑细嚼慢咽，品甜尝咸，同时论古道今，谈奇说怪，个个一副小绅气派。即使到了新中国成立以后，普通工薪阶层，也只能借助生日、节日、待客偶然解馋而已。

其实，真正让老百姓受用得起的，是那约定俗成的节日和最平常不过的时蔬瓜果成熟时自家做出的各种烧饼。在那个社会物质普遍匮乏、粮食要靠计划供应的年代，我的母亲为了丰富我们兄弟姐妹的饮食生活，可谓是绞尽脑汁，想方设法把五谷杂粮、时令果蔬制作成烧饼，再配以各种稀饭羹汤哺养着我们，同时也把黄桥烧饼的品种演绎到了极致。

在那个农耕年代,母亲无时无刻不在为我们的生活操劳,有时为了一种烧饼要做跨年度的准备。

每年霜降前,为了保证韭菜来年的生长,最后一刀韭菜母亲是不让割的,她将韭菜用土壅好,施一遍人畜肥料,再掯上鸡灰鸭粪。这样来年长出的韭菜才壮实,再盖上碎草麦屑保暖,以使来年韭菜早日出芽,赶上清明节早晨那顿摊烧饼。

清明节至,韭菜长到2~3寸高,割下洗清切碎,再配以葱姜肉末,油渣碎屑,就是摊烧饼的最佳佐料。母亲每年清明都要摊上几种烧饼。一是纯韭菜末的,二是配以肉末油渣的,三是以荞面擦酥的,三四个品种,个个油旺旺香喷喷的,让人看一眼就垂涎欲滴。

清明节的摊烧饼,是我家每年摊烧饼品种最多且制作最讲究的。平时虽然也常摊,但只是油盐葱蒜、韭菜随便将就而已。遇上隆冬天气,什么也没有时,伴以菜油白糖也很美味。

吃了清明饭,再过45天左右就会收麦子,这时母亲就会找一两块田角空地,培育茄子、丝瓜、南瓜等各种豆类秧苗,待麦收后移至大田生长。

茄饼是夏天常吃的烧饼。把刚摘下的茄子一刀隔一刀地切成连片状,中间夹上猪肉韭菜馅,蘸上面粉,放在油锅里煎至两面焦黄,外脆里嫩。再炒个花生米、青黄豆什么的,端个小桌,盛碗稀饭,在小院里一坐,一家数口,伴以清风明月,尽享劳作后的天伦之乐,那真是神仙过的日子。

有时忙的时候,直接将茄子切成小块,加以精盐葱花或韭菜末,与面粉同调,直接下锅一摊,然后分成小块一起煎炸,虽没有夹馅的好吃但也很爽口,这叫懒王饼。到了秋天,丝瓜饼也大多是此种做法。

记得在盛夏季节,由于高温天旱,病虫害严重,蔬菜难长,瓜果不接,母亲常用早晨盛开的番瓜(即南瓜)花制饼。清晨,趁着朝露未干,南瓜花盛开时摘下,除去花托花蕊,只留花筒,灌以各种馅料,蘸上面粉蛋清,煎成各种口味的番瓜花饼。还可将花切碎,拌进发酵后的面浆里,加上葱花精盐,做成番瓜花酵饼儿。

夏秋交替，是成熟的季节。玉米刚一上场，母亲总要先挑几根颗粒饱满的，剥开、取粒、摊匀，提前晒干后磨成粉，制作成各种饼、粥给我们尝鲜。玉米面除煮粥外可是制作烧饼的好原料。玉米饼有好几种制作方法：(1) 将玉米面加上鸡蛋做成玉米鸡蛋饼，下油锅两面煎至焦黄，脆酥香甜。(2) 选用纯白玉米的特细粉，微发酵后加上白糖，做成饼，贴在锅上，放两碗水，边烤边蒸，做成水酵饼，香甜可口。(3) 玉米粉加上老酵头，发酵后包上青菜、韭菜、芝麻等各种咸甜馅料，做成玉米馅儿饼。(4) 在煮着小鱼或茄子的锅上，围上一圈玉米饼，待鱼熟茄烂时主食菜肴一锅齐。还有高粱、粟米都可以如法炮制。

山芋饼是种麦时节的时蔬面点。视山芋的品种做法各异，那时有一种叫"胜利百号"的，淀粉多，选择粗细适中条形好的山芋，适合做夹馅饼。还有一种叫"苏州红"，淀粉少糖分多，熟后既甜又烂，去皮后捣成泥拌以米粉做成饼用油煎炸。南瓜饼也是这种做法。

二十世纪六七十年代，因粮食不足，生产队常以山芋、萝卜替代杂粮计划发放，面对我们难以下咽的山芋、萝卜，母亲将其刨成丝，放少许油渣蒜末，拌适量面粉，捏成团，压成饼，煎至焦黄，外脆里嫩。

米粉鸡蛋饼是青黄不接时的最佳食品。"三月里的蛋好当饭"，开春以后，新麦未收，青黄不接，那时的面粉是稀缺的食品材料。母亲会用正月十五做元宵吃剩下的米粉做糍粑，新母鸡下蛋后，有时会在糍粑里打上一两只鸡蛋，这样做出的糍粑外脆内糯，香酥可口。

初夏季节，三麦登场，薄荷方盛，叶硕味浓，气温渐高，茄子辣椒瓜类刚移植未果，蔬菜奇缺。这时母亲常摘些薄荷叶，两片一合，馅以韭菜蛋皮或韭菜猪肉，蘸上面粉，煎至两面黄，一盆香喷喷的薄荷饼就成了。辅以稀饭既当菜又当饱。

还有一种熯（音汉）烧饼。这种烧饼制作简单，将面粉发酵后做成碗口大小，贴到锅上，然后在锅底放水适量，烧至水干饼熟即可。由于边蒸边烤，这种方法制出的饼一面松软，一面香脆。吃时搭点咸菜、炸酱、茄子、豇豆等菜肴，可是一般农户人家的大餐。这种饼由于不需油盐，不须控制火候，制作简单，操作方便，是一般小康庄户人家农忙季节常见的耐饥食品，也是外出学习、打工、旅行人员的便携食品。据说，官至太仆寺少卿的何御史——何棐，那时外出学习赶考时常以此饼作为干粮，因此我们又叫它"御史饼"。这种饼由于不讲究用面，混合面、黄面（小麦提走一两道精面后磨的粉）、大麦、元麦、玉米、高粱等粉皆可制作。所以吃起来虽有一丝丝香甜但口感显粗，加上我们有点嘴刁，所以做好后大都母亲自己"享用"，同时她会专门制作精粉的给我们吃，可见母爱无私！

这种饼也可以做得很精致，将精粉与粗粮混合搅拌，上面再嵌上果脯、香肠、肉脯等辅料，做出的燠烧饼比现在的面包还耐吃！

那时吃烧饼并不像现在这样方便，想吃就能吃到的。有些饼是有时令性和季节性的。像摊烧饼，既费面又费油，一般人家平时是舍不得吃的，只有清明节是家家必摊的。当然也有特困难摊不起的，也就象征性地摊上一锅两锅，一家人分着吃。平时要摊也只有客人来用以待客。那时在农村吃粮也是要计划的，每人每天粗粮都不足一斤，哪有余粮做烧饼呢。所以一般也要家境稍好的人家，在来客时才能烧上一锅椇子粥，摊一两锅子烧饼，煎两个鸡蛋，再炒一盘花生米，算是招待贵客的较好待遇了。人口较多的家庭，待客用摊烧饼，自己只吃炒烧饼。炒烧饼是用黄面或其他麦粉，不加任何佐料摊成烧饼后，撕成小块再用青菜或茄子、韭菜、咸菜或胡萝卜缨子等一炒，做成炒烧饼，一家人充饥解馋。

涨烧饼一般必须到中秋节才能吃到。因为要吃涨烧饼必须有两个条件：一是这家要有足够的粮食，二是做涨烧饼操作程序复杂。取面粉2~3斤，先调酵（即发面），待发酵几个小时以后，将锅烧至200度以上，放上少许油，撒上芝麻，趁着芝麻噼里啪啦乱炸时，将发酵好的面倒进锅里，慢慢烤熟。要想把一个直径30厘米以上、中间厚度10厘米以上的涨烧饼烤熟要一个小时左右。这可不是个简单活计，既要有功夫还要有技巧。在那个全靠各种秸秆柴草取火的年代，要把这么一个大饼烤熟，就全靠各家主妇的本事了。所以一般人家就是有足够的面粉，也要有那足够的时间、技巧和情趣。只有到了八月半，因要敬菩萨，家家才都怀上一颗虔诚之心，涨上1~2个烧饼，待八月十五晚上敬了菩萨后才能全家分享。

记得那时每年八月初，母亲就要筛选上等小麦，下水去灰，晒干后再磨成粉，取最上等的留作中秋节涨烧饼。磨粉也是有讲究的，实在没有机磨靠石磨的时代，磨面粉为了省力，有条件的人家都是用牛拉磨。但母亲不肯，都要坚持人工推磨，这样磨出的面粉相对比较干净，因为牛拉磨有时跑快了会把磨路上的泥土踢进磨塘，混进面粉，还有老牛会拉屎撒尿，不免会有东溅西溢的时候。母亲怕弄脏了面粉，做出的烧饼亵渎了神灵，使自己心存不干不净之嫌。

涨烧饼的吃法也是多种多样的。烤熟后的涨烧饼周边薄中间厚，待稍冷却后，将之一分为二再切成薄片，脆酥松软，绵绵酵香，沾上白糖、菜油或鱼汤、肉汁更是奇香可口。涨烧饼在秋冬季节可存放数天，还可晒干存放，存放后的涨烧饼可以蒸着吃、烤着吃，还可以在糁子粥里烫着吃。

做涨烧饼时，母亲有时还会在里面加上糖渍的板油、蜜枣，做成水晶红枣饼，这种饼更是油香、枣香、酵香、芝麻香，香甜四溢。

生活是创造的源泉。母亲在日常生活中体现出的勤劳和智慧使我们身心受益，终身难忘。

当然，黄桥烧饼种类繁多，有的品种是家里无法制作的，需要专门的场所和烤具。

在黄桥镇上吃的烧饼都是大桶炉烤出来的，且一年四季每天早晚的品种各不相同。早上有大烧饼、小烧饼、大麻饼（大方饼）。大烧饼、小烧饼因馅不同品种各异，有瓢子、萝卜丝、肉松、白糖、豆沙、蟹黄的等等。改革开放以后，经过改革创新后，现在还有鲜肉、肉脯、牛肉、银杏、果脯等等数十种，配上豆浆、油条、糁子粥、豆腐脑，便是一顿丰盛的早餐。晚上有斜角饼、打饼、水酵饼，开春以后还有大炉饼。这些烧饼由于工艺复杂且烤具独特，自己在家难以制作，但有钱到街上就能买到。

大炉饼的做工、馅料一般要比小烧饼还要讲究，烤制方法也不同。上面说的大烧饼、小烧饼、大麻饼、斜角饼等，都是用大桶炉烤出来的。唯有大炉饼是用平底锅烤出来的。记得那时西大街有一家做大炉饼的，开春就做，每天傍晚在店门口支一口烧麦桩的大爌腔锅，上面放一平底锅，用一扣有无底铁锅的铁板做锅盖，焊上支架，里面放上草木灰，趁大炉饼装锅时，用柴草将放有草木灰的锅盖烧烫，储存热量，烧饼上锅后将滚烫的锅盖盖上，下烧上烤，大炉饼在锅里被烤得吱吱作响，不几分钟一锅两面金黄的大炉饼就出锅了。我想这也许就是那时的烤箱吧。

另外还有几种休闲食品。一是包脆，应该是烧饼店的一种副产品。上午或晚上做烧饼散市后，将剩余的醇面和馅料做成小烧饼，贴到桶炉内利用余火随意烤，一天一般只出一炉，这种温火慢烤出的烧饼几无水分，看上去很硬，但使劲一捏又松又脆，香酥可口，所以叫包脆，能长期存放，食用比较方便。再就是副食品厂专门生产的酥饼，也叫脆烧饼，有咸甜两种。

1940年10月，在陈毅、粟裕等直接指挥下的黄桥战役打响，为保证部队供给，黄桥60多家烧饼店，夜以继日地赶制各种大、小烧饼，加上周边乡村包括母亲在内的各家各户，日夜赶做的涨烧饼、摊烧饼等各种烧饼，聚集到黄桥镇珠巷何氏宗祠，当地群众冒着敌人的枪林弹雨送到前沿阵地，为黄桥决战胜利起到了重要的作用，谱写了一曲军爱民、民拥军的壮丽凯歌，同时也诞生了一曲响彻全国的《黄桥烧饼歌》。

泰州早茶文化与黄桥烧饼

◎ 吴长元

中华文化博大精深，三百六十行，行行出状元，行行有文化。其中的饮食文化，历史悠久，影响甚广。说到中餐，它有很多流派，不少分支，其中饮食习俗的早茶，现如今已慢慢发展成为社交特色和区域文化特色。

泰州早茶至今已有四百余年的历史。传统的泰州早茶为"一茶三点一面"，"一茶"指一杯茶和一份烫干丝，烫干丝又称茶头。"三点"指包子、蒸饺、烧卖。"一面"指鱼汤面。泰州早茶的茶以绿茶、花茶为主。其中的"福香"茶则以安徽魁针、珠兰和杭州龙井三者掺和配制而成，此茶色泽清澈，浓郁醇厚，融魁针之色、珠兰之香、龙井之味于一体。相传，旧时茶馆会将售卖剩下的安徽魁针、珠兰和杭州龙井三种茶叶末混在一起泡煮，无偿供给车夫、搬运工等饮用。一位盐商喝后向友人同好推荐，并将其称为"福（复）香"茶。如今，"福香"茶反倒成了时人的新宠。与广东人吃早茶不同的是，泰州人更喜欢把时间磨进茶楼、饭馆中，吃个早茶，可吃一上午，磨到中午才算结束，因长时间喝茶，因此称为"早上皮包水"。这与另一句"晚上水包皮"形成对称。"晚上水包皮"指洗澡，将身子泡进池汤里，这两句话现已成为泰州的生活文化名片。清前期，泰州诞生了雨轩、绿雨楼、广胜居、品香等知名茶馆。清中后期，又生出富春、海陵春、怡园、者者居、大东酒楼等品牌茶馆。为揽生意，部分茶馆除售清茶、熟葵花子、花生米、蚕豆外，也搭售干丝、面点等，逐渐形成以面点为主的泰州早茶。其中的"者者居"因为生意好，长时间等位置的人多，于是形成了"这个人是个'者者居'"的俗语，意思是人不灵活，比较固执。在泰州早茶中较早推出鱼汤面、大煮干丝、小笼汤包等新品的是1940年初东台籍吴姓老板创办的大东酒楼，泰州地方军阀"二李"也会光顾。跟之者有富春酒店、大陆饭店、皮包水茶楼和者者居等，现多移于泰州老街。泰州早茶的主角是干丝，泰州干丝由豆腐干切成，一块豆腐干需要均匀削成20片左右，再斜铺切成细丝，倒进沸水里反复冲烫。干丝本身味道单一，并非美味，需要"熬油"，即将麻油、酱油、水、糖、盐调至浓淡适度，撒上姜丝、香菜、胡萝卜丝、花生米、榨菜丁，如此干丝嚼起来又软又弹。此品由苏中名厨邢桂森研创。邢桂森原是御厨季三瘸子徒弟，季三瘸子以擅做煮干丝闻名。民国时，邢桂森在泰州西仓大街万花楼做厨师，他经过潜心研究，推出了面向大众的手工烫干丝。煮干丝，以肴肉、虾仁、香菇、笋片、木耳、青菜等为辅料，配以高汤煮成。除却烫干丝、煮干丝，泰州早茶的面点还有鱼汤面、加蟹大包、蟹黄汤包、笋丁肉包、萝卜丝包、三丁大包、香菇青菜包、虾仁蒸饺、糯米烧卖、千层油糕、黄桥烧饼、鲜肉小馄饨、干拌面、熬面、炒面等。鱼汤面的鱼汤以野生鳝鱼的骨头、小鲫鱼、大猪骨用葱姜煸炒后，以大火慢慢熬制而成，黏稠醇厚，色泽乳白，鲜香少腥，面条煮熟后盛入鲜浓的鱼汤中，撒些小胡椒和蒜叶，加些虾子酱油，味道鲜美，兼具养生作用。泰州老食客评其为"进嘴厚得得，下肚润胃肠"。加蟹大包、蟹黄汤包以蟹黄、蟹肉、蟹膏为主要原料，选用体态丰腴、膏红肉鲜的兴化红膏大闸蟹和溱湖簖蟹，制作的包子皮薄光洁，浓而不腻，味厚鲜美。泰州早茶的点心，随季节变化而出新品，竹笋上市后，按鸡丁大、肉丁中、笋丁小法制作三丁大包；荠菜、秧草、马兰头等野菜上市时，用荠菜、秧草、马兰头为原料制作菜包、烧卖。尤其是用荠菜制作的翡翠烧卖，状如石榴，色如翡翠，皮薄如纸，轻咬一口，齿颊生香。2019年4月26日首届中国（泰州）早茶峰会开幕，泰州的14家早茶餐饮企业、40道早茶名点齐聚参加评比活动，经过激烈角逐，大赛最终产生了"泰州十大早茶名铺""泰州十大特色早茶点""泰州十大早茶名厨"等多个奖项。泰兴的元麦糁子粥、宣堡小馄饨、曲霞汤包，以及摊烧饼、脆烧饼、涨烧饼等黄桥烧饼系列产品，不断地丰富了泰州早点的品种，敲动着天下食客的味蕾，让泰州早茶走得更远、赞声更多。

　　黄桥烧饼是江苏省特色传统小吃之一，也是泰州早茶中一味独特的产品，流传于江淮一带。清代道光年间，著有《韵史》八十卷（现存北京图书馆）的何萱出生于黄桥镇，该书记有不少其和烧饼师傅切磋烧饼制作技艺的趣事，可见当地人是多么喜欢烧饼。过去的黄桥烧饼根据季节更换不同馅料，如萝卜丝、韭菜、蟹黄等。现在的黄桥烧饼馅料品种更丰富，如猴头菇、火腿、虾米、银杏等，并分咸甜两味。黄桥烧饼由单一的烤饼发展为桶炉烧饼、摊烧饼、涨烧饼、脆烧饼、小烧饼等6大系列30多个品种，遍布全国各地的黄桥烧饼实体店已超过1000家。曾荣获"中华名小吃""中国名点""天下第一饼"和"中华第一饼"美名的黄桥烧饼已是泰州早茶中的品牌点心。

　　黄桥烧饼是促进黄桥旅游经济发展的宝贵资源，黄桥镇政府已在做专做特、做大做强上下足了功夫，着力打造本土小吃，发掘、保护、发展、光大黄桥烧饼产业，拉动旅游经济中的美食消费，对黄桥旅游品牌的打造和旅游经济的发展已经产生了积极影响。泰州早茶讲究干稀搭配，传统的泰州早茶以"一茶三点一面"为特色，黄桥烧饼是江苏传统特色名点，酥香怡人，是佐茶最匹配的美点佳品。建议将泰州早茶的品牌建设与黄桥烧饼的品牌建设结合起来，使其产生一加一大于二的效果，或者说强强联合，强中更强。

　　黄桥烧饼不仅会继续为泰州早茶添色增彩，而且通过不断创新经营，必将会探索出老字号在新的市场挑战下的发展之路。

【作者简介】

吴长元,江苏省餐饮行业协会荣誉会长,泰兴市餐饮行业协会名誉会长,黄桥烧饼协会名誉会长。

苏式早茶中的黄桥烧饼

◎ 李登年

苏式早茶众多的茶食、茶点中,以蒸点呈现较多,如蒸包、蒸饺、烧卖、汤包、小笼包……而烤制的干点相对较少。少,并不代表品种的单调,而是更显物以稀为贵的独特。苏南苏北,长江两岸,在众多早茶的家族中,硬核茶食当数黄桥烧饼了!

2021年底,在去泰州参加江苏省餐协饮食文化委四届一次主席团会议并出席2021黄桥烧饼产业创新发展峰会前,我提前两天先到泰州,舍近求远,名为拜访老朋友,实属重享泰州的尘世幸福,奔向酥香甜美的黄桥烧饼!在方培力会长的精心安排下,当晚的接风洗尘便安排在泰州宾馆的梅兰厅,五星级的档次,高规格的接待,加之与宴者多为泰州餐饮界的掌门人,宴会菜肴的品质可想而知了。吃饱喝足又呈上一盘特色点心与杂粮拼,让我眼睛一亮:久违了,小巧可爱的黄桥烧饼,选料精、做工细、馅心足、层次多、酥香松软,口感丰富,确是黄桥烧饼中的极品。据我所知,泰州宾馆早在20世纪90年代初期已推出知名的梅兰宴,将黄桥烧饼作为高档宴席的名点打造,名宴名点同辉!直至今日,泰州宾馆的高档盛宴、便餐小吃、早餐自助,无不突出黄桥烧饼的特色品牌。难怪离开泰州的那天早上,刘金贵大师陪我吃早茶仍选择在泰州宾馆的早茶餐厅。五味烫干丝、鲜肉小笼包、加蟹大汤包、鱼汤面摆满一桌，大饱口福。最后又呈上各式别致的黄桥烧饼，造型各异，咸甜多滋，肚饱心未饱，大饱难容，要不是下一站去的是泰兴黄桥，定会通通打包带走！泰州人对黄桥烧饼的推演铺陈，不只是锦上添花，更是一种情感的倾注、文化的演绎！

自古道美中不足今方信，纵然是齐眉举案，到底意难平。也许你不会相信，在黄桥烧饼之乡的泰兴黄桥祁巷参加的黄桥烧饼研讨会上，始终没见到黄桥烧饼的踪影，或许是墙内开花墙外香？也许是皇帝女儿不愁嫁？甚至在会间茶歇上摆放的小吃点心也全是从超市买来的袋装食品。两天四餐，宴会便餐都未吃到黄桥烧饼。接待方解释，祁巷村特色餐饮丰富多彩，一巷百味足以让外来客大饱口福，客随主便只能如此了。好在临离开祁巷的那顿早餐让与会者找回一点宽慰。土菜家常，特色风味满满一大桌，尤其是特制的蟹黄大包，个个拳头大，馅心蟹味鲜，令食客拍案叫绝！千呼万唤方始出，主角黄桥烧饼粉墨登场，呈现的却是从街上买来的回炉烧饼，让人心里自然不是滋味！也难怪，人家是卖土菜的，不是做黄桥烧饼的。

早茶，极具地方特色，承载着本土市井文化和传统习俗，通过一块烧饼更可了解一个城市居民的生存方式和处世风格，更能衡量这座古城市民的幸福指数。压轴大戏在后头，好在何健会长将早茶的下半场安排在镇中心的米巷，名谓"红满天烧饼店"。为了避开早高峰，特意选择在上午九点钟，哪知至时仍顾客盈门，应接不暇，排队待购，桌边等座，正当我们进退两难时，正在吃茶的食客不约而同起身离座，买单离店，边走边叽咕。我听不懂泰兴土话，老板娘忙解释：不要紧全是老客，他们是说"来的全是客，前客让后客"！此举让我们肃然起敬，泰兴人待客之道与黄桥烧饼的酥皮酥心一样，总是那么不动声色、含而不露，耐人寻味！

出面接待我们的是江苏省非物质文化遗产黄桥烧饼制作传承人张天勇，他穿着藏青色的西装配白色衬衣，带一副眼镜，给人第一印象是沉稳内敛、大师风范、文人气度。他绘声绘色地介绍传统烧饼制作，给人一种"听"比"吃"还要过瘾的感受。转眼间，只见他脱去西装，换上工作服，围上围裙，在操作间和面、揉面、擀皮、包馅、成型、炉烤、出品……身手不凡，洒脱自如，分明又是一位能工巧匠、行家里手。张天勇大师对"面"的理解，对"酥"的妙用，深刻透彻、匠心独具。在名店观赏大师亲手制作名品，实是一次难得的精神享受！

凭与黄桥烧饼的多年相交，我对它的个性特征略知一二：堂堂正正，圆圆方方，循规蹈矩，不走偏锋。粉面、甜心、油酥、巨胜，寻常习见，不烦远求，水深火热炉烤，依然洁面素心；大家闺秀、小家碧玉，大气不显富贵，品高不摆架势，遍及街头巷尾，根植百姓千家；登宴入席，受宠不惊，凡食常供，饱食晏眠！

【作者简介】

李登年，高级经济师。世界中餐业联合会专家委员，江苏省饮食文化研究会专家委员会副主席，连云港市食文化研究会名誉会长。曾任多家高星级酒店总经理。著有《中国古代筵席》《中国宴席史略》。

黄桥烧饼

——中国之比萨

◎ 刘鹏凯

出差到南京，做记者的女儿告诉我，世界上最大的比萨连锁店"必胜客"的分店开到家门口了，一开张生意就红红火火。尝鲜的、尝新的、尝特色的食客慕名而来，不顾近40℃的高温，在骄阳下排起了长队。女儿执意请我去吃比萨，说："老爸，你是老黄桥、老工业了，其实，老家的黄桥烧饼也该借鉴一下比萨的。"

其实，比萨对于我来说并不陌生。几年前到意大利参加世界胶粘剂大会期间，我曾到比萨的原产地那不勒斯品尝过正宗的玛格丽塔比萨。看到它那斑斓的色彩、丰富多彩的配料，听着比萨师傅如何创新与意大利国旗颜色相同的红白绿三色比萨的有关介绍，我曾感动于文艺复兴以来意大利人对色彩、对生活的热爱，也一直疑惑为什么意大利人不把馅料包在面团里面，而是摊在上面。我总是觉得比萨比起我家乡的黄桥烧饼，无论是工艺、馅料，还是形状、味道均逊色不少。比萨好似那悬着的、珠光宝气而又艳俗无比的吊灯，黄桥烧饼则是清纯古朴、温馨迷人的月亮。

我9岁那年，正逢国家三年困难时期。那时的黄桥烧饼5分钱一块，还要加上一两粮票。我依然记得萝卜丝馅的黄桥烧饼没有多少油，也没有芝麻，干巴巴的，可味道醇香可口。烧饼师傅在烧饼上打上条纹，那白的萝卜肉、红的萝卜皮、绿的葱段跃入眼帘，也煞是好看。在我眼中，这样的萝卜丝馅的黄桥烧饼要比番茄、奶酪、紫苏三色比萨朴素、自然、好看、好吃得多。黄桥烧饼很有些中国人内秀含蓄的沉稳性格，不像西方人那样"袒胸露背"。那时去买黄桥烧饼，总是把钱币、粮票排在烤烧饼的桶炉上，一个一个地挨着。虽说等的时间比较长但一点也不浮躁，没有争吵，没有插队，有的只是朴实平等。

我钟情黄桥烧饼，除了对家乡的情感外，还因它的文化和历史。史料载黄桥烧饼始创于宋朝，当时的黄桥是江淮一带重要的粮食集散地，全镇有56家米行，每天都有来自四邻八乡的人来往黄桥，为解决吃饭问题，黄桥烧饼就充当起了"古老的快餐"。红火之时，黄桥街上就有72家烧饼店。"黄桥烧饼黄又黄，外嵌芝麻内有糖……"古老的歌谣元朝时便开始传唱了。

黄桥烧饼超脱出食品的概念，成为一种力量和精神，是因为一场正义的革命战争。1940年，震惊中外的黄桥决战在此打响，黄桥镇60多家烧饼店不分昼夜，赶制各种黄桥烧饼，源源不断送往前线，为决战胜利立下了汗马功劳。《黄桥烧饼歌》应运而生，这首军民团结的赞歌随着部队的胜利传遍四方，至今脍炙人口。黄桥烧饼因此名扬天下，也成为黄桥人的精神图腾、黄桥人的自豪。大凡到黄桥探亲访友、旅游观光、参观学习、考察投资的，不管男女老少、钱多钱少，是不能不吃黄桥烧饼的。作为主人，不给客人带两盒黄桥烧饼走，总会觉得待客没有到位，心里空落落的。记得几年前，一位浙江老板到黄桥洽谈业务，我们请他吃了一顿美味可口的豆沙、蟹黄、肉脯、银杏等多个品种的黄桥烧饼，这位老板念念不忘、情有独钟。2010年初，这位老总专门开车带着全家老小又来黄桥品尝刚出炉的正宗黄桥烧饼。

坐在"必胜客"宽大洁净的店堂里，一盘刚烤的比萨，一杯浮着泡沫的啤酒，一阵迷人的香味，这样的氛围更适宜思考。几百年前的比萨不过是一种圆形烤面饼，是不加任何辅料的早餐食品。如今意大利就有20 000多家比萨店，仅原产地那不勒斯就有1200多家，"必胜客"在全球90多个国家和地区设有分店。黄桥烧饼的出路在哪里？黄桥烧饼如何走出作坊、走出传统狭隘的思维？

作为土生土长的黄桥人，我默默祝福，愿经过不断创新，在口味、环境、文化和产业化上做足文章，黄桥烧饼不仅仅是一种美味的区域食品，而会延伸成为一种更广泛深刻的文化、一种人类共同拥有的精神财富，和比萨一样，风靡全球。

生活最大的魅力在于赋予人生很多未知的精彩，我们永远在路上。黄桥烧饼一定会成为中国的比萨！

黄桥烧饼与比萨之短长

◎ 顾寄南

前几日我随意翻阅历年积稿，倏然眼前一亮，我竟看到夹杂其中的一张剪报。作者：刘鹏凯。题曰"黄桥烧饼——中国之比萨"，时间更在十多年前的 2010 年 10 月 8 日。兴之所至，随意翻看，不禁拍案叫绝。

好像，在我们黄桥，唯有鹏凯最适合写这篇文章了。因为鹏凯除在国内不少城市的"必胜客"多次吃过所谓最正宗的比萨外，多年前还曾因参加世界胶粘剂大会，到过比萨的原产地——意大利的那不勒斯，品尝过应该说是真正正宗的玛格丽塔比萨。在当地，鹏凯不仅目睹比萨的制作过程，而且亲耳听到制作师傅当众介绍如何制作与意大利国旗颜色相同的红白绿三色比萨。面对师傅无比自豪的讲解，鹏凯不禁为曾有着文艺复兴历史的意大利人对色彩对生活的艺术追求和爱国情怀深深感动。

不过，鹏凯在文中说，跟我们家乡黄桥烧饼相比，无论是历史、工艺、馅料，还是品种、造型、味道，总觉比萨大为不如。据说，几百年前的比萨仅是不加任何辅料的圆形烤面饼。而我们的黄桥烧饼自北宋以来一千多年，由过去的萝卜丝、豆沙糖、葱油、肉丁，逐步发展到现在的果脯、肉松、银杏、蟹黄等十数种之多。尤其是馅料的包法，我们黄桥烧饼是包在里面，很像中国人内秀含蓄的沉稳性格，而比萨却是"袒胸露背"，赤裸裸地摊敷在面饼上面。两相比较，鹏凯写道："比萨好似那悬着的、珠光宝气而又艳俗无比的吊灯，黄桥烧饼则是清纯古朴、温馨迷人的月亮。"如此比喻，我不知道是否失之偏颇，但说黄桥烧饼像那"清纯古朴、温馨迷人的月亮"，却是千真万确，令我击节称赏的。小时候八月十五，我外婆总要燃着斗香，请出既大又薄的面饼，敬奉天上的月亮，那饼就叫月光饼。不知鹏凯是否受了月光饼的启发，反正鹏凯对故乡、对黄桥的炽热情感，我是真正感受到了。

爱祖国，爱家乡，是人类共同美德中最大的美德。大约是20世纪50年代，我在徐州丰县读书，有天晚饭以后，我无意跟同学说起徐州的烙饼不如我们黄桥的桶炉烧饼好吃，不料竟遭到几乎全班同学七嘴八舌的声讨，以致一堂晚自习都陷入混战之中……不几天，校长知道了，笑道："谁不说俺家乡好，顾寄南是黄桥人，说黄桥烧饼好吃理所当然，但不必跟本地烙饼比，我们不少同学可能不知道，黄桥烧饼是全国闻名的，是上过歌的。"说着，校长竟信口哼了出来："黄桥烧饼黄又黄嗳，黄黄烧饼慰劳忙哩。这可是别的饼子不好比的哟！"第二天，班主任到班上一说，不少同学始而惊叹，继而情不自禁地鼓起掌来。顿时，我泪流满面，站起来连连向同学们鞠躬，也许，这是二十多年后，我写出散文《黄桥烧饼》的最早的诱因吧。

如今的黄桥烧饼早已名扬四海，走向了世界。据不少到过国外的游客讲，法国的巴黎、美国的纽约、波兰的华沙早已有了华人开的黄桥烧饼店，为侨胞，也为当地居民提供早点晚餐。但是，恕我坦言，匆匆数十年过去，我们的烧饼在国外还是不如比萨有名气，比萨也自有它区别于其他面饼的诱人口味。据鹏凯介绍，意大利的比萨店有两万多家，仅原产地那不勒斯就有一千二百多家，"必胜客"在全球九十多个国家都设了不少分店。这还是十多年前，现在又不知道增加多少了。

鹏凯在文章结尾说：生活的最大魅力在于赋予人生很多未知的精彩，我们永远在路上。深信总有一天，我们会看到——"比萨——意大利的黄桥烧饼"问世。

黄桥烧饼的制作特色与馅心开发

◎ 邵万宽

黄桥烧饼已成为江苏传统风味点心的典型代表,其声名远播已 80 多年,成为家喻户晓的著名食品。探寻新中国建立以后江苏省最具权威性的、代表性的名点食谱,当数 1958 年出版的《江苏名菜名点介绍》和 1985 年出版的《中国小吃(江苏风味)》。这两本书是由江苏省饮食服务公司、江苏省烹饪协会组织全省各地饮食系统名家、大师共同编撰的食谱。

从制作工艺来看,黄桥烧饼的生产制作也随着时代的发展而变化,从早期的老肥烫面揉酥、桶炉炭火烤制,到后来的酵母发面加酥面、包酥擀制、电烤箱烤制,虽然制作工艺发生了细微的变化,但总体特色依然如故。对于年轻的面点师来说,传统的老肥发酵、烫面包酥、桶炉烤制的生产方式已不多见,这里特将两书的具体制作方法载录如下,让人们了解黄桥烧饼传统制作的具体配方和制作特色,特别是在和面、包酥、卷擀方面,可以进一步知晓传统黄桥烧饼的制作状况,为现代年轻面点师提供一手的可靠资料。

黄桥烧饼的一个关键之处,就是馅心。传统的馅心有 10 余种,结合现代的餐饮经营与顾客的接待,我们需要在馅心方面多动脑筋,特别是在酒店和高级餐馆的宴会接待上,需要变化馅心的品种,展现不同季节、不同场景的黄桥烧饼风味，这就需要广大面点师紧跟市场，制作出不同风格特色的馅心品种，丰富黄桥烧饼的口味，提升黄桥烧饼的魅力。

一、黄桥烧饼的传统制作与特色

新中国建立以后，各地饮食服务公司开始筹建，江苏各地饮食店铺主要由饮食服务公司管辖。为了恢复各个餐饮门店和老字号的店面，特别是对相关技术人员进行培训以及恢复传统名菜名点的生产与面市，江苏省饮食服务系统开始进行名菜名点的整理工作，并准备出版书籍供行业人员学习、培训之用。最有代表性的名点食谱，主要是以下两本书。

1.《江苏名菜名点介绍》中的黄桥烧饼制作

1956年，江苏省服务厅组织全省各

1958年《江苏名菜名点介绍》封面

地饮食服务机构人员编撰了一本较有权威的名菜名点食谱，名为《江苏名菜名点介绍》，并于1958年由江苏人民出版社出版发行。该书分"江苏名菜"和"江苏名点"两部分，其中名菜88个，名点45个。这些菜点大部分是民国时期流传下来的。"黄桥烧饼"排在名点中第2个。食谱的前面部分是介绍黄桥烧饼的历史状况，其特色是：饼色嫩黄，饼酥一层层，一触即落，上口酥松不腻。当时叫卖的黄桥烧饼馅心品种有：龙虎斗、蟹黄、虾仁、火腿、枣泥、洗沙、雪里蕻、豆苗、干菜、香蕈、蘑菇、糖油、肉松、五仁等，味各不同。其制作方法载录如下。

主要原料与配料：
精面粉、猪油、糖、芝麻等。按时节不同，随时准备各种馅心。

制作过程与方法：

每十斤精面粉，掺入冷水一斤十二两与沸水三斤四两，拌成雪花状，揉成块，摘成拳头大的块子凉到温热，再揉到光滑时加入老肥（酵母）四两，用双拳在面上各处揣捣，折叠起再揣捣反复约七次后盖起发酵。第二日临用前，以三斤面粉和水（用水比例同上，不用老肥）揉匀做成子肥，与第一日发酵的面一同揉和，并逐步放入二两五钱碱的碱水，到碱色正常时为止。

每斤成面，摘成剂子十二只，揿扁，每只包入酥约三钱五分，擀成约六七寸的长条，对折成同样长的长条，卷起后揿扁包入馅子（咸的先放入咸猪油约二钱，然后再放馅子），擀成直径约二寸的圆饼，包口朝下，上面涂糖稀后洒上炒过的芝麻，饼底略涂水贴入炉内，饼是草纸般的黄色即熟（约烤七分钟）。出炉后再涂上麻油，味更好。

酥的做法，是每斤面粉掺入生油半斤或猪油七两，擦匀即成。

几种馅子的做法：

一、洗沙：一斤赤豆煮烂，用筛子擦去渣。白糖一斤，熬到提起铲子糖成条状时，和入擦成的豆沙即成。

二、蟹黄：用三斤熟猪油熬热，放入剥好的蟹肉、蟹黄二斤，待油呈黄色起锅。

三、糖油：板油去皮，切成小指大的丁子，每斤油丁拌入三四两糖，过二日后用最好。

这里需要说明的是，上面所用分量是按当时的计量方式，即十六两制一斤。和面时是用传统老肥，待发酵后用兑碱水方式。这是中国传统酵面发酵法，其特色之处，在和面时是用沸水烫面的方法，拌成雪花状再冷凉，整个和面掺酵的过程是传统黄桥烧饼的精髓，再加上用传统桶炉烤制而成，这些是口感酥松不腻的关键所在。

2.《中国小吃（江苏风味）》中的黄桥烧饼制作

1985年，由江苏省饮食服务公司编写、中国财政经济出版社出版的《中国小吃（江苏风味）》一书，是新中国建立以来由江苏各地饮食服务公司集体编写的第一本系统介绍江苏省各地著名点心和小吃的书。该书集江苏各地饮食系统、餐饮企业的力量，由专业人士、大师名厨共同撰写。在介绍黄桥烧饼的历史特色后，其制作方法描述较为详细。该书是黄桥烧饼记载比较完善的食品书籍，主要以传统技法为主，由于精工细作，用料讲究，品种多样，而受到人民群众的喜爱。其种类有肉松、火腿、虾米、桂花、豆沙和枣泥等十余种。其制作内容为：

《中国小吃（江苏风味）》封面

原料（制二百只）：

上白面粉十斤，酵种五钱，猪生板油二斤五两，香葱二斤，去皮芝麻七两，精盐三两，饴糖二两五钱，食碱九钱，熟猪油二斤七两五钱。

制法：

1. 制作烧饼的前一天晚上，将面粉（二斤）用七八十摄氏度热水一斤（夏季用五十摄氏度热水）拌和，摊凉至微温（二十摄氏度左右，夏季凉透）时加酵种揉匀，覆盖棉被发酵。当天早晨另用面粉（二斤二两五钱）加一斤一两热水（温度同上）拌和，稍凉再与已发好的面团揉和，静置一小时后待用。

2. 将面粉（五斤五两）置放盆内，用熟猪油拌和成油酥待用。将芝麻用冷水淘洗、去皮，倒入热锅中，炒至起鼓呈金黄色时出锅，摊到大匾内待用。将猪板油去膜，切成二分见方的丁。把香葱洗净去根切成细末，取其八两外加猪板油丁和精盐（一两二钱）拌匀。将三斤油酥面加上葱末（一斤二两）和精盐（一两八钱）和匀。

3. 将食碱用沸水化开，分数次兑入酵面里揉匀，饧十分钟。擀成圆筒形长条，摘成二百个面剂，每个面剂包上油酥（二钱六分），擀成三寸长、二寸宽的面皮，左右对折后再擀成面皮，然后由前向后卷起来，用掌心平揿成直径一寸八分的圆形面皮，放在左手掌心，铺上猪板油（一钱七分），再加带葱油酥（二钱），封口朝下，擀成直径二寸半的小圆饼。上面涂一层饴糖，糖面向下扣到芝麻匾里，蘸满芝麻后，装入烤盘，送进烤炉下层，关好炉门。三分钟后移到烤炉上层，再烤二分钟后即可出炉。

特点：

饼形饱满，色泽金黄，香脆肥润，热食尤佳。

进入 20 世纪 80 年代，餐饮业已开始复苏，重视企业员工的培训，餐饮企业已正常运行发展，厨房设备也开始更新换代，烤炉已进入人们的视野，有条件的饭店多有使用。1985 年版的黄桥烧饼制作，是传统制作方法的延续，是一款咸味葱油黄桥烧饼。烤制用的是烤炉，符合当时的发展需要。在当时有制作黄桥烧饼品种的大饭店，往往多使用烤炉，有个别饭店和小吃店还继续使用桶炉烤制烧饼。

二、黄桥烧饼馅心的开发与更新

馅心制作多样是黄桥烧饼的风格特色。在今天的餐饮经营中，我们可以在传统馅心的基础上进一步开发一些适合黄桥烧饼制作使用的馅心。应该说，烧饼馅料是非常广泛的，它不同于皮坯原料局限于粮食、淀粉类原料。用于制馅的原料很多，传统的分类一般分为咸馅和甜馅两大类。

调制一款真正的好馅心也是不容易的，它是有一定的技术要求和难度的，我们可以将菜肴的制作与调味引用到馅心制作中，只是在馅料加工中注意刀切的形状，尽量细小些。在传统馅心风味以外，可开发出麻辣味馅、酸甜味馅、水果味馅、干果味馅等，在原材料上大胆利用海鲜、山珍、蔬菜、杂粮等原料。

迎合消费者的饮食需求是目前餐饮业经营的主要方针。烧饼的调馅要根据各地人的饮食习惯、喜好，在广泛占有原料、调料的同时，调制出多种多样、不同风味的馅心，才能进一步扩大黄桥烧饼的影响，满足不同客人的进食需求。

在传统馅心的基础上，利用合理的制作方法，有许多馅心是比较适合黄桥烧饼制作的，特别是在酒店、餐馆的现做现卖现吃和宴席接待上，我们都可以进行品种的开发和革新。

这里设计并选取几种不同风格的馅心，供制作黄桥烧饼时参考。

1. 鲜鲍鱼馅

原料：鲜鲍鱼肉200克，牛肝菌50克，鸡脯肉30克，猪肥膘肉20克，香葱20克，料酒15克，精盐4克，姜汁10克，美极鲜酱油10克，胡椒粉2克，麻油6克，味精2克。

制作：将鲍鱼肉、牛肝菌（去蒂）洗净，再分别切成绿豆大的粒，用鲜汤煨后，捞出沥干水分。香葱切成末。将猪肥膘肉、鸡脯肉分别洗净，一起剁成蓉，入盆，加鲍鱼粒、牛肝菌粒、香葱末拌匀，再加入美极鲜酱油、精盐、姜汁、料酒、麻油、味精搅和均匀即成。

2. 虾仁叉烧馅

原料：鲜虾仁200克，熟叉烧肉100克，菜心50克，小香葱20克，水发香菇20克，生粉15克，酱油5克，精盐6克，白糖3克，麻油10克，料酒10克，姜汁10克，胡椒粉3克，鸡精5克，色拉油30克。

制作：虾仁洗净，切成绿豆大小的粒，放碗内加料酒、生粉拌匀。叉烧肉切粒。香菇、菜心洗净切粒再投入沸水中烫至断生，捞出挤干水分。

香葱切末。炒锅放色拉油烧热，下虾仁炒断生，下香菇、叉烧肉、菜心、精盐、酱油、胡椒粉、料酒炒匀入味，加鸡精、麻油炒匀起锅入盆，加香葱末搅和均匀即成。

3. 猪肉虾仁馅

原料：瘦肉150克，肥肉150克，生虾肉100克，熟虾肉50克，水发冬菇50克，洋葱40克，生抽8克，白糖12克，精盐6克，蚝油8克，料酒10克，味精4克，花生油15克，麻油5克，胡椒粉2克，湿淀粉15克，肉汤150克。

制作：瘦肉、肥肉、冬菇、洋葱分别切成细粒，生虾肉、熟虾肉略斩。将瘦肉、肥肉、生虾肉用湿淀粉上浆，锅上火，用热油滑油捞起。锅再置火上下油，炒香洋葱、香菇，再下滑油后的猪肉和虾肉，下料酒、肉汤稍炒，放入上述各样味料炒匀，用湿淀粉勾芡，加入尾油即成。

4. 咖喱肉馅

原料：猪肉500克，冬笋75克，洋葱50克，白糖25克，精盐5克，咖喱粉15克，味精2克，淀粉20克，色拉油15克。

制作：将猪肉、冬笋分别切成丁，洋葱切成末。炒锅置火上，烧热后放入色拉油，先将洋葱放入爆出香味，再放进咖喱粉炒一炒，随即投入肉丁、笋丁一起炒熟，放精盐、白糖、味精调味，烧煮后用淀粉勾芡，起锅倒入盘内冷却即成。

5. 海参双冬馅

原料：水发海参200克，猪肥瘦肉50克，冬笋50克，冬菇50克，酱油12克，胡椒粉5克，精盐8克，味精4克，葱末15克，姜末10克，麻油10克，色拉油30克。

制作：将海参洗净，切成绿豆大小的粒。猪肉剁成细粒，冬笋、冬菇分别洗净，切成同样大小的粒，入沸水锅氽后捞出，沥干水备用。锅内放油烧热，倒入猪肉炒散碎，下海参粒、精盐炒匀，加冬笋、冬菇、酱油、胡椒粉、姜末、味精、麻油、葱末炒匀起锅即成。

6. 干贝蛋黄馅

原料：猪肥膘肉 50 克，干贝 200 克，鸡脯肉 100 克，熟咸蛋黄 50 克，葱末 20 克，精盐 10 克，味精 3 克，麻油 20 克。

制作：将干贝去筋洗净，加入鲜汤，上笼蒸 2 小时，取出捣碎。鸡脯肉、猪肥膘肉分别洗净，放入绞肉机绞碎。熟咸蛋黄用刀压成细蓉。取盆放入干贝碎粒、鸡脯肉蓉、肥膘肉蓉、咸蛋黄、精盐、味精、葱末、麻油搅和均匀即成。

7. 鸽松肉馅

原料：净鸽肉 200 克，猪五花肉 50 克，荸荠 30 克，蘑菇 50 克，葱末 20 克，白酱油 16 克，精盐 5 克，姜末 10 克，胡椒粉 5 克，麻油 15 克，色拉油 20 克。

制作：将鸽肉、猪五花肉洗净，用刀剁成肉末状。荸荠去皮洗净，切成米粒状。蘑菇切成同样的粒。炒锅置火上，放色拉油烧热，投入鸽肉、五花肉松炒散，加蘑菇粒、荸荠粒、精盐、白酱油、姜末、胡椒粉、味精、麻油炒断生入味时，放入葱末炒匀，起锅入盘即成。

8. 烤鸭菜馅

原料：熟烤鸭肉 200 克，青菜 30 克，新鲜腌菜 30 克，葱末 20 克，精盐 6 克，花生酱 20 克，味精 4 克，花椒油 2 克，麻油 10 克。

制作：将烤鸭切成米粒状，新鲜腌菜、青菜分别切成同样的粒。取盆放入熟烤鸭粒、腌菜粒、青菜粒、葱末、花生酱、精盐、味精、麻油、花椒油拌和均匀即成。

9. 蘑菇肉馅

原料：猪肉肥三瘦七 200 克，蘑菇 80 克，精盐 6 克，熟火腿末 20 克，白酱油 5 克，蚝油 5 克，葱末 10 克，味精 4 克，姜米 12 克，料酒 20 克，麻油 20 克。

制作：猪肉洗净，剁成蓉。蘑菇切成米粒，入沸水锅略氽。盆中放入猪肉蓉、蘑菇粒、熟火腿粒、精盐、白酱油、蚝油、味精、麻油、葱末、姜米、料酒拌匀即成。

10. 椰丝馅

原料：干椰丝500克，白糖750克，橄榄仁100克，瓜子仁50克，糖渍猪板油丁100克，鸡蛋100克，面粉100克，花生油50克，清水150克。

制作：取锅擦洗干净，将面粉用小火炒熟，倒入案板冷凉。将干椰丝、白糖、橄榄仁、瓜子仁、熟面粉、糖渍猪板油丁一起放入案板上，打上鸡蛋，用花生油与清水一起揉擦拌匀即成。

11. 菠萝馅

原料：菠萝200克，熟芝麻粉20克，熟面粉80克，白糖50克，饴糖30克，奶油20克，精盐2克。

制作：菠萝洗净后，用精盐水浸泡5分钟，放入机器内打成蓉，取出放入盆内，加白糖、熟面粉、熟芝麻粉、饴糖、奶油、精盐反复揉和，再放入木框内压平，切成1厘米见方的块即成。

12. 葡萄干馅

原料：葡萄干150克，酥核桃仁20克，熟芝麻粉50克，熟面粉80克，糖猪肥膘丁30克，白糖60克，饴糖30克。

制作：葡萄干择洗干净，沥尽水，与酥核桃仁分别剁成米粒状，入盆加熟面粉、白糖、熟芝麻粉、酥核桃仁粒、葡萄干粒、猪肥膘丁、饴糖揉和均匀，装入木框内压平，切成1厘米见方的块即成。

黄桥烧饼食材的选用

香酥可口的黄桥烧饼源于黄桥地产优质食材。黄桥是泰兴东部地区的中心,位于黄沙土与黏壤土的交汇处,属高沙土中性土壤。自然条件好,属北亚热带季风气候,四季分明,温和湿润,无霜期长,水质甜美,生态环境好,自宋以来就形成了用"麦谷酿酒、酒糟喂猪、猪粪壅田"的良性循环。黄桥烧饼所用的面粉、芝麻、食用油等主要原料均来源于本地的种植和饲养,用这些原料制作烘烤出的烧饼色正味香,酥脆可口。

享誉全国的泰兴芝麻,籽粒饱满,炒熟后香气扑鼻,磨成的芝麻油清香爽口。

泰兴芝麻田

泰兴芝麻

高沙土壤上生长的小麦前期旺，后期易早衰，很适于用弱筋小麦的技术原理指导中筋小麦品种生长，面粉的湿面筋率介于中筋与弱筋之间，用其烘烤出的烧饼酥而不散。

泰兴小麦田

泰兴花生是全国著名的地方品种，花生仁籽粒小，口感香。

泰兴花生田

泰兴花生

生猪养殖

泰兴是闻名全国的生猪养殖大县,其中70%以上的生猪饲养量集中于黄桥及周边地区,用胡萝卜和山芋藤喂养后的地方猪种"苏姜猪"瘦肉率高,肉质细嫩,板油醇香。

黄桥烧饼制作工艺流程

工序一　和面掺酵

1. 将1000克中低筋小麦面粉盛于缸中，倒入400克左右开水后搅拌均匀，烫至雪花型，冷却至常温（冬季可保留至30 ℃）。

和面1

和面2

和面3　　　　　　　　　　　　　和面4

2. 将冷却后的雪花状面粉加水，揉成面团。

和面5　　　　　　　　和面6　　　　　　　　和面7

3. 拿出提前做好的老酵面（指前次留下的酵面）做底子（加入底子的多少与季节有关，一般冬天 50 克，春秋 30 克，夏天 10 克即可），酵面的保温和人体的保温一样，冬季加盖棉，夏季用单盖。发酵时间为春夏秋季 8～10 小时，冬季 12～15 小时。

和面 8

和面 9

工序二　揣酵兑碱

1. 将已发好的酵面与未发酵的烫面（指未加老酵而刚烫好的面）按一定配比（冬天 7∶3、春秋 6∶4、夏天 5∶5）调和制成酵面成品。然后让面团饧上几分钟，继续在案板上揉面，让酵面和烫面充分融合。请注意图中的手法：用掌根揉面，一掌压一掌地揉。揉面的过程也是面团饧发的过程。

2. 将揉好的酵面成品兑碱水，然后揉成光滑的面团，再将面团饧上几分钟。

注：（1）加碱水目的是使面团的酸碱度适中，一般以 1000 克酵面加 5～6 克碱粉为准。（2）在加碱前，留一部分酵面备用，其他部分加碱，如加

碱过大,面发黄有碱味,就把留的部分酵面加入里面再拌匀,方可做成品。(3) 可以先取一小块面团兑碱水测试碱水的浓度。(4) 将兑碱后的酵面放入缸中揣匀,使面和碱水充分融合后发酵。

揣酵 1

揣酵 2

揣酵 3

揣酵 4

兑碱1

兑碱2

兑碱3

工序三　搓条摘剂

将饧发好的酵面从缸中取出放在案板上,用刮板刀分成小的面团,揉揣后将面团摘成大小相等的面剂。

搓条

摘剂1

摘剂 2

摘剂 3

工序四　包酥开酥

利用发面的间隙配酥，先取部分面粉放置缸中，再加入食用油（面粉

包酥 1

包酥 2

开酥 1　　　　　　　　　开酥 2

与食用油的比例为 2∶1，食用油中的猪油与豆油比为 3∶2）充分搅拌至没有干面粉状态，然后放置案板上，用手不断揉搓均匀，待用。

将擀好的面坯中包入适量的油酥，包好后静置 5 分钟，然后开酥，即将每个包好酥的小面团用手掌压扁，用擀面杖均匀地将面团压平拉长，再压平擀长，然后自上而下卷起，卷好后再分成相同等分的小面剂。

工序五　包馅收口

利用发面的间隙配制好板油，即 500 克板油加 25 克盐，再加适量味精、生姜、葱花、白糖等佐料，搅成肉泥状；并根据不同口味配制主馅料（如肉松、肉脯、豆沙等）收口捏紧。

黄桥烧饼制作工艺流程

包馅1

包馅2

包馅3

包馅4

工序六　定型刷浆

　　将包好馅的生坯压扁，用擀面棍擀成圆形或椭圆形的生饼，在其表面刷上麦芽糖稀。

定型

刷浆

工序七　撒匀芝麻

　　取脱皮芝麻，在已刷糖稀的生饼表面均匀沾上芝麻。

粘芝麻1

粘芝麻2

装烤盘

工序八　装盘烘烤

将撒好芝麻的生饼排放于烤盘中，再将烤盘放入预热好的烤箱调温烘烤。一般上火温度调至 250 ℃、下火温度调至 280 ℃（因具体品种而定），烘烤 15 分钟左右（烤至金黄色）即可。

烘烤 1

烘烤 2

烘烤 3

烘烤 4

黄桥烧饼制作标准

引　言

黄桥烧饼因用炉烤，古人称之为炉饼，是黄桥地区人民的传统美食，传承至今已有一千多年历史。黄桥烧饼源于何时虽无文字记载，但却因一段真实的历史故事而闻名于世。据《宋史》记载，北宋大孝子顾昕的父亲顾慈，时任唐末东川节度使，乾宁四年被叛军所杀。年仅十岁的顾昕随母迁居黄桥，母子俩以烤炉饼为生。十六岁时，其母因病而双目失明。为了赡养母亲，顾昕一人扛起了炉饼店继续烤饼谋生。街坊邻里见顾昕如此厚道孝顺，纷纷来店买饼吃早茶。为回报和感谢乡邻，顾昕潜心钻研烤饼手艺，他烤出的饼清香诱人、酥脆可口，生意十分红火。连南来北往的商人路经黄桥时，都必定光顾此店尝饼喝茶，离开时还捎上几个带给家人、送给亲友。久而久之，黄桥烧饼闻名于大江南北。后来，黄桥人民不断改进工艺和创新，使黄桥烧饼由单一的烤饼发展为桶烧饼、摊烧饼、涨烧饼、脆烧饼、小烧饼等六大系列三十多个品种，现在黄桥烧饼已成为黄桥人民饮食文化的重要部分。一首流传的古民谣说得好："黄桥烧饼黄又黄，外撒芝麻内包糖；两个烧饼一碗茶，肚子吃得饱喀喀。"最形象地说明了黄桥烧饼在人们生活中的作用。

1940年抗战时期，陈毅元帅和粟裕大将军指挥了著名的黄桥决战，率新四军八千健儿抗击近三万来犯之敌；黄桥人民通宵达旦制作烧饼，除街上六十多家饼铺全都起炉烤饼外，镇民们也在自家灶房摊烧饼、涨酵饼，并冒着枪林弹雨，把烧饼源源不断地送往前线，有力地支援了前方新四军将士奋勇杀敌，最终取得了决战的胜利。当年产生的一首《黄桥烧饼歌》流露着浓厚的军民鱼水深情，一直传唱至今。三十年后，粟裕大将和时任国防部部长张爱萍上将旧地重游时，指名要吃黄桥烧饼，老将军们对黄桥烧饼念念不忘。

黄桥烧饼在淮扬食谱中独具风味，并已被编入《中国食品指南》，是江苏省79种名点之一。1949年开国大典时，黄桥烧饼被选入国宴点心之一。1952年，毛泽东主席在中南海品尝黄桥烧饼时，边吃边对身旁的卫士长陈长江同志盛赞道："黄桥烧饼好出名的。"1972年，美国总统尼克松先生访华时，周恩来总理点名敲定的菜谱中就列有黄桥烧饼。70年代教育部将《黄桥烧饼歌》编入中学语文教材。2000—2010年，黄桥烧饼多次获得"江苏省食品博览会金奖"，2003年被中国烹饪协会评定为"中华名小吃"，2012年第十届江苏名特优农产品（上海）交易会获"畅销产品奖"，在第十届中国美食节（南京）上被评为"天下第一饼"，在2016年中国（江苏）国际餐饮博览会上被授予"中华第一饼"称号，2017年被评定为"中国地域（江苏）十大名小吃"之一，2018年再度被中国烹饪协会评为"中国名点名小吃50强"，现已被东方航空公司指定为航空点心之一。

前　言

本标准编写时严格执行了GB/T 1.1-2009给出的规定起草。

本标准主要技术指标根据GB/T 20977《糕点通则》《糕点生产许可证审查细则》要求和本产品生产工艺特点和消费者的需求而修订。

本标准由泰兴市黄桥烧饼协会提出并负责起草。

本标准主要起草单位：泰兴市黄桥烧饼协会。

本标准于 2018 年 10 月首次发布。

1 范围

本标准规定黄桥烧饼制作的原料要求、制作技艺和成品感官要求。

本标准适用于黄桥烧饼的制作、加工过程。

2 规范性引用文件

下列文件对于本文件的应用是必不可少的。凡是注日期的引用文件，仅注日期的版本适用于本文件。凡是不注日期的引用文件，其最新版本（包括所有的修改单）适用于本文件。

  GB 1445 绵白糖

  GB 5461 食用盐

  GB 5749 生活饮用水卫生标准

  GB/T 8608 低筋小麦粉

  GB 8233-2008 芝麻油

  GB/T 8967 谷氨酸钠（味精）

  GB 10146 食品安全国家标准 食用动物油脂

  GB 16153 饭馆（餐饮）卫生标准

  SB/T 10281 肉松

  SB/T 10281 肉脯

  SB/T 10371 鸡精调味料

3 原料要求

3.1 小麦粉应符合 GB/T 8608 的规定。

3.2 绵白糖应符合 GB 1445 的规定。

3.3 食用盐应符合 GB 5461 的规定。

3.4 猪油应符合 GB 10146 的规定。

3.5 味精应符合 GB/T 8967 的规。

3.6 芝麻油应符合 GB 8233 的规定。

3.7 制作用水应符合 GB 5749 的规定。

3.8 所用原辅材料应符合食品安全国家标准和相应产品标准要求。

3.9 所用初级农副产品、蔬菜应新鲜，无变质、腐烂现象，应符合食品安全国家标准和相应产品标准要求。

3.10 所用原辅材料应经检验或验证合格后方可投入使用。

4 制作技艺

4.1 和面酵面

4.1.1 将 1000 g 小麦面粉盛于缸中，倒入 400 g 开水后搅拌均匀至雪花型，冷却至常温（冬季可保留至 30 ℃）；加入碾碎的老酵面（指前次留下的酵面，冬天 50 g，春秋 30 g，夏天 10 g），搓揉均匀后再保温发酵（冬季加盖棉，夏季用单盖）。发酵时间一般春夏秋季 8～10 h，冬季 12～15 h（以抓起酵面向上拉至网状且不断掉为宜）。

4.1.2 再次将面粉与开水调和（方法同 4.1.1），在调和好的面中按一定配比加入按 4.1.1 条已发好的酵面（冬天 3∶7、春秋 4∶6、夏天 5∶5）调制成成品酵面。

注：如制作量较少，可直接用按 4.1.1 条已发好的酵面作为成品酵面。

4.1.3 留取少量酵捏成团，作为下次发酵用的老酵头。

4.2 兑碱揣酵

4.2.1 取 80% 成品酵面兑入少许碱水（每 1000 g 酵面夏季添加 5～6 g 碱粉、冬季添加 4～5 g 碱粉），然后加入剩余 20% 成品酵面。

4.2.2 将兑碱后的酵面放入缸中揣酵，使面和碱水充分融合后发面，盖上保鲜膜醒酵，醒酵时间 18～20 min 即可。

4.3　揉酵摘坯

将醒发好的酵面从缸中取出放在案板上，用刮板刀分成若干个面团，并不断揉揣擀，将揉揣好的面团摘成大小相等的面坯（以每个面坯 20 g 为宜）。

4.4　配酥包酥

4.4.1　配制油酥：取 500 g 面粉放置缸中，按 2∶1 的配比加入调制油（熟猪油与植物油按 2∶1 的比例调配而成），充分搅拌至没有干面粉状态后放置案板上，用手不断揉搓均匀，待用。

4.4.2　在擀好的面坯中包入约 15 g 已配制好的油酥，包好静置 4～5 min 后，将每个小面团用手掌压扁后用擀面杖将面团压平拉长，反复多次压实（一般不少于 5 次，次数越多，烤出的饼层数就多）；然后沿长度方向切成大小相等的油面坯（每坯约 35 g）。

4.5　包制馅心

4.5.1　配制板油

每 500 g 板油加 25 g 盐、适量味精、生姜、葱花、白糖等佐料（可按个人口味调配），搅打成肉泥状。

4.5.2　配制馅料

根据不同口味选配馅料（如肉松、肉脯、猴头菇……）。

4.5.3　拿起油面坯放入右掌心，先包入 15 g 配制好的板油，再包入 10～15 g 馅料，然后收口捏紧。

4.6　定型刷浆

将收好口的面团用手掌压扁，用擀面杖擀压成圆形或椭圆形的生饼，在其表面刷（1～2 遍）食用麦芽糖稀。

4.7　撒匀芝麻

在已刷浆的生饼表面均匀撒上已脱皮的白芝麻（3～5 g）。

4.8　装盘烘烤

4.8.1　装盘

将撒好芝麻的生饼整齐排放于烤盘中。

4.8.2 预热

打开烤箱，预热 8～10 min。

4.8.3 烘烤

将装有生饼的烤盘放入烤箱调温烘烤，温度控制在 250 ℃～280 ℃，烘烤 15～18 min 至饼面呈金黄色即可。

5 成品感官要求

5.1 外观

色泽金黄。

5.2 气味

香气诱人。

5.3 口感

酥松可口。

黄桥烧饼花样多

黄桥人爱吃烧饼,也爱做烧饼,做出来的烧饼花样很多。目前,黄桥烧饼大致可以划分为六种,分别是桶烧饼、涨烧饼、小烧饼、脆烧饼、水酵烧饼和摊烧饼。其中,尤以小烧饼最为有名,是黄桥烧饼的主要代表。

小烧饼·脆烧饼

带馅的小烧饼,圆形,直径大小约7厘米。在保持传统制作方法的基础上,将面坯用温控的电烤炉烘烤,烘烤时间约20分钟。刚出炉的小烧饼,饼形饱满,色呈蟹壳红,不焦不糊不生,如蒸熟之蟹壳,诱人涎滴。由于面和得好,酵发得好,酥用得匀,手工轻巧,火候准确,吃到嘴里先感到酥,一口咬下,毫不费力,稍嚼即全部化开,边皮带脆,越嚼越香,吊起食欲,涎水渗出,甚至不用喝茶,即可咽下。由于所用原料皆本地出产,异于他处,加之考究的制作工艺,因而口味也不同于他处。与之相对应的,无馅的小烧饼,呈长方形,被称为"脆烧饼"。

小烧饼　　　　　　　　　　　　脆烧饼

桶烧饼

桶烧饼又称"桶炉饼",是一种包馅的圆饼,直径 15 厘米左右,因在木桶炉内烤制而成,俗称"桶炉饼"。将包好馅的面坯贴于桶炉壁上,烤半小时左右即可,烤出的饼香酥可口。

桶烧饼 1　　　　　　　　　　　桶烧饼 2

水酵烧饼

水酵烧饼在黄桥当地也很常见。将老酵水化后,调在面粉里,等待七八个小时,面就发酵了。再加碱面、加糖,放到锅子上慢慢炕。十多分钟后,外脆里糯的饼就好了。夏天里，用水酵烧饼搭糁子粥，爽口而般配。

水酵烧饼 1

水酵烧饼 2

涨烧饼

涨烧饼

"涨烧饼"是无馅的圆饼，直径 30 厘米左右，形状如倒扣的小脸盆，简称"酒酵面饼"，将面粉用酒酵发酵，发好后的面倒入草炉上的铁锅内文火慢烤（如用双层铁锅烘烤更佳），时间为 3 小时左右，烤出的饼金黄灿灿的，看上去像一个玲珑精致的工艺品。由于加热时面还在"发",故称"涨烧饼"。

摊烧饼

摊烧饼在黄桥当地也颇具地方风味。把调好的面糊轻轻摊在专用的铁锅上,倒入金黄的菜籽油,撒上翠绿的葱花,两面煎黄,即可出锅了。手法看似简单,却需要多年的功力才能做出金黄香脆的摊烧饼来。

摊烧饼1

摊烧饼2

锐意创新　不断研发新品种

近年来，在黄桥烧饼协会的大力推动下，黄桥烧饼企业不断研发新品种、新口味的黄桥烧饼，以满足人们不断变化的口味和养生需求。黄桥烧饼协会与台湾农业生化科技有限公司签约，成立了猴头菇黄桥烧饼研发基地，进一步推动了高端养生烧饼品种的推广。江苏天勇黄桥烧饼文化发展有限公司与台湾农业生化科技有限公司达成战略合作。

银杏仁黄桥烧饼

银杏果俗称白果，食用部分为果仁，是营养丰富的高级滋补品，除含有粗蛋白、粗脂肪、还原糖、核蛋白、矿物质、粗纤维等成分外，还含有维生素C、核黄素、胡萝卜素以及钙、磷、铁、钾、镁等微量元素。银杏果仁能敛肺气、定喘嗽、止带浊、缩小便、保护肝脏、促进血液循环、减少心律不齐、防

研发创新

猴头菇馅心签约仪式

止过敏反应、改善大脑功能、延缓衰老、增强记忆能力、缓解老年痴呆症和脑供血不足等。经常食用银杏果仁，可以滋阴养颜抗衰老，扩张微血管，促进血液循环，使人肌肤、面部红润，精神焕发，延年益寿，是老幼皆宜的保健食品和款待国宾上客的特制佳肴。

泰兴已有1000多年的银杏栽培历史，2000年被国家林业局首批命名为"中国名特优经济林——银杏之乡"，银杏年产值约占全国的1/3，"泰兴白果"成为国家认定的有机食品，2011年被评为第四届中国国际有机食品博览会金奖。如果把资源丰富的泰兴银杏作为黄桥烧饼的馅料，与黄桥烧饼考究的制作技艺融为一体，就极富地方特色。

【馅料配制方法】

先把银杏果炒熟去壳取仁，剔除杏仁上的皮衣并从中剖成两半，抽去中间的筋，洗净，再加盐、糖等佐料拌匀即可。

大师传承与品质特色

素肉松黄桥烧饼

素肉松是以豆腐衣清炸而成,炸好的丝色泽米黄、蓬松绵软、味道鲜咸,因口感和外观形似肉松而得名。豆腐衣中含有丰富的优质蛋白,营养价值高;含有大量的卵磷脂,能防止血管硬化,预防心血管疾病,保护心脏;同时,富含有钙、钾等多种矿物质,可补充钙质,预防骨质疏松,促进骨骼发育,对小儿和老人的骨骼生长有利。所以,用素肉松烤制成的黄桥烧饼是老少皆宜的保健食品。

【素肉松的烹制方法】

将新鲜豆腐衣切成细丝;锅中放素油加热至五成热,放入豆腐衣丝并抖散开;约10秒钟后,见油面渐趋平静即可捞出,并趁热撒些配制好的盐水即可。

猴头菇黄桥烧饼

猴头菇

猴头菇的营养价值很高,它既富含蛋白质和7种以上人体必需的氨基酸,又富含多种维生素和无机盐,脂肪含量低,是一种名贵的食用菌。猴头菇具有独特的消化道系统保护、调理和修复功能,食用后能止呕和改善食欲;猴头菇还可以增强人体免疫力,也可预防老年痴呆症等。把具有营养与药用功效的猴头菇用作黄桥烧饼的馅料,与黄桥烧饼讲究的制作工艺和独特的地产原料融为一体,烤熟后的黄桥烧饼酥脆可口,越嚼越香,是名副其实的美味保健食品。

相关诗词与书法

桂树情思

石启荣

又是一年秋风起，
又是一年桂花开，
万朵千朵满枝头，
清香郁郁飘四海。
那年将军驻黄桥，
桂花树下展雄才，
慷慨话抗日，
谈笑扫阴霾，
闲敲棋枰运奇谋，
桂花绽放报捷来。
啊，将军跨马远征去，
树下一别记心怀，
花开花谢年复年，

何日君再来？

又是一年秋风起，
又是一年桂花开，
万朵千朵满枝头，
清香郁郁飘四海。
自从将军离黄桥，
桂树翘首云天外，
耿耿日月长，
绵绵情如海，
父老乡亲盼归人，
朗朗笑声入梦来。
啊，桂花厅里会故交，
桂花树下话未来，
桂树有情人有意，
佳话传万代！

百年古金桂，树龄180年。1940年新四军东进黄桥，8月26日适逢陈毅同志40岁生日，他曾在此树下和粟裕等领导人共进晚餐。
丁文江故居中的百年古金桂

注：1940年秋，新四军东进到达黄桥，陈毅、粟裕司令员住在丁家花园桂花厅，指挥并取得了震惊中外的黄桥决战的伟大胜利。

【作者简介】

石启荣，著名诗人，著有《五色土》《夜行列车》《时光之钟》等。

黄桥烧饼

马张留

馅是抛头洒血的勇敢，
皮是前赴后继的奉献。

漫漫黑夜里追寻光明,
滚滚硝烟里书写诗篇。
黄桥烧饼啊,
英雄的烧饼!

歌是鼓荡雄风的号角,
曲是夺取胜利的呐喊。
子弟兵誓把敌人歼灭,
老百姓等待英雄凯旋。
黄桥烧饼啊,
战斗的烧饼!

【作者简介】

马张留,泰兴市作协秘书长,著有散文随笔集《逆风的翅膀》《高原骄阳》等。

赞黄桥烧饼

丁钟江

支前应急慰雄兵,素饼光同日月生。
墨客闻馨挥笔颂,天公得味下凡评。
民餐国宴凭增色,饭店商场尽慕名。
美食功殊称独秀,风行各地受欢迎。

有种烧饼叫黄桥（歌词）

陈　帆

编者按：2016年1月21日，某服务文化采风团到位于黄桥古镇的江苏黑松林粘合剂厂有限公司采风。慕名黄桥烧饼的美味，采风团成员一早便顶风冒雪找到黄桥为群烧饼培训中心，每个样式品种都拿一点，大家风卷残云，赞不绝口。晚上还观赏了黑松林公司董事长刘鹏凯先生演唱的别有情调的黄桥烧饼歌，大家纷纷点赞。采风团团长陈步峰教授说："黄桥烧饼不吃不知道，一吃真奇妙，回味无穷尽，还想吃两包；烧饼谁第一，那得数黄桥，传遍海内外，都把拇指跷。要不是带的行李多，而且还要去其他地方，非得买上几大盒不可。"岭南才女，著名诗人、词人、编辑陈帆回到广州后仍然怀念黄桥烧饼的味道，创作了歌词《有一种烧饼叫黄桥》。转录如下，读者共飨。

有种烧饼叫黄桥

长的圆的模样俏

精白面粉半发酵

枣泥豆沙当馅包

黄桥大战支前忙

烧饼虽小立功劳

黄桥烧饼上国宴

主席也把拇指跷

有种烧饼叫黄桥

外酥里软口感好

肉松肉丁葱油脆

火腿虾米香味飘

一个吃完还想吃

两个吃过忘不了

黄桥烧饼就是牛

美食名片闪光耀

2016年1月28日

王震题词一

王燕东题词

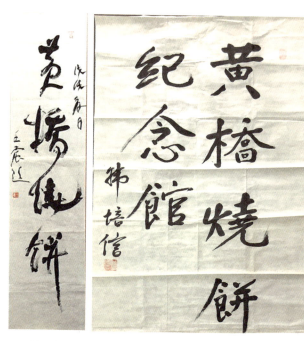

王震题词二　　　　韩培信题词　　　　管文蔚题词

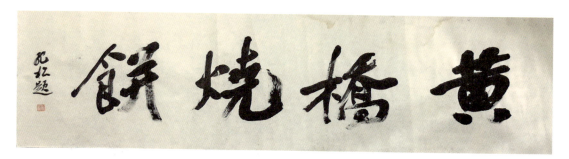

纪松题词

被称为"毛主席大管家"的吴连登先生（1964—1976年任毛主席家生活管理员）献给第五届中国黄桥烧饼节的墨宝（见下图）。

第五届中国黄桥烧饼节开幕式

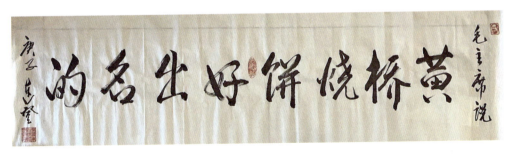

吴连登题词

黄桥烧饼与产业发展

浅谈黄桥烧饼产业发展之道

◎ 胡旭阳

黄桥作为黄桥烧饼地理商标的产地，有着得天独厚的发展优势，黄桥烧饼既有烧饼发展的传承，又有历史文化名点的点睛，因此，它是黄桥乃至泰州历史积淀留下的自然财富，享有很高的知名度和美誉度，品牌价值很高。

黄桥烧饼有着很高的商业开发价值和广阔的市场开发空间，着力挖掘它的潜力，会将它打造成地方爆款产品，培植成产业发展链，甚至可带动旅游等其他产业的发展。小产品高品位，小烧饼大文章，做成世界产品不无可能，做成全国烧饼之最不无可能，做成全国烧饼销售网络不无可能，黄桥烧饼前景无限。

从黄桥烧饼的发展现状来看，发展较松散，以作坊式制作居多，受各种条件的制约，尚不能成规模地走出去。抱着这块金招牌，经过了多少代人的发掘，无论是政府层面还是企业层面，无不在力求突破，谋求发展，但发展速度还较慢。究其原因，一是思路不够，二是力度不大，三是恒劲不足。纵观黄桥烧饼产业现状，笔者认为，应在以下三个方面做足文章。

一　搭建强劲班子，出台产业发展之策

黄桥烧饼不仅是黄桥烧饼产业发展的爆品，也是泰兴、泰州全球化产品的爆点，所以建议政府要搭台研究一个产业发展的大思路，制定配套发展政策，选配专业性很强的职务级别高的领导人才，成立黄桥烧饼产业发展工作领导小组，设立专项发展基金，出台相应奖励政策，寻求各种发展途径，多渠道多方法鼓励从业人员向外拓展，发展产业经济，传播烧饼文化。

二　采用多种模式，拓宽产业发展之路

模式一：小吃店连锁发展模式。走自营连锁或加盟连锁之路，解决烧饼的速冻技术，做成半成品，门店只要刷上糖稀、撒上芝麻，一烘就可以上桌，门店或加盟店就不必为生产技术的问题犯愁。

模式二：酒店配套产品模式。全国那么多的酒店饭店，有哪一个不为人工费高而操心，如果为酒店配套供应专门的席点烧饼，走这个发展途径，也不失是一个发展方向和渠道。

模式三：商超供应模式。培植鼓励有潜力的企业，练足内功，做成食品企业，倡导优秀企业向商超供需发展，销往千家万户的餐桌。全国的商超都有食品柜，汤圆、水饺能做成，黄桥烧饼也应该能做成。

三　运用科技手段，创新产业发展之道

大力研发，发展科技优势，制定激励机制，鼓励成员企业技术创新、模式创新、销售创新，给做大做强的企业提供全方位支持。政府可以适当地在平台上牵线搭桥、奖励研发，鼓励、帮扶所有成员企业对产业的发展作出贡献。

综上所述，着眼黄桥烧饼金字招牌，培植发展相关产业，既是历史发展的必须，也是大经济时代的重要的爆品抓手，我们不应错过这个发展机遇。

【作者简介】

胡旭阳,江苏省餐饮行业协会副会长,江苏省工商联餐饮商会副会长,泰兴餐饮行业协会副会长,黄桥烧饼协会常务副会长,清华大学餐饮酒店企业家同学会执行会长兼秘书长,泰兴市十二届、十三届政协委员。

情系黄桥，扬名天下

——记"80后"大学生的创业路

◎ 孙丰民

何兴，一名高大英俊的"80后"大学生，2009年本科毕业后，果断放弃在南京等大城市的就业机会，情系革命老区黄桥，义无反顾回乡创业。现任黄桥名扬烧饼店和江苏美佳怡食品有限公司董事长。

与每位创业者一样，创业初期的他面临太多的压力和困难。一没经验，二没技术，更遭到了家庭和社会的质疑："上了四年的大学，却回来卖烧饼，真没出息！""知我者谓我心忧，不知我者谓我何求"，作为一名从小吃黄桥烧饼长大的黄桥人，他深知，要振兴革命老区，造福老区人民，必须走产业扶贫之路，而黄桥烧饼既是老区人民脱贫致富的传统产业，更是走向全国、走向世界的响亮"名片"，年轻人特别是大学生，围绕黄桥烧饼产业创新创业，大有可为。他坚定信心，科学规划创业路径——立足黄桥烧饼传承和创新，拓展高质量面点健康产业新领域，做大做强，让黄桥食品产业名扬天下。

创新创业，"业"有了，接下来要怎么"创"？"新"又在哪里？制作工艺是他必须解决的第一个难题。黄桥当地做烧饼的师傅并不少，但曾给新四军做过黄桥烧饼的师傅凤毛麟角。为了获得传统工艺的真传，他一次又一次登门拜访一位年事已高、不再收徒弟的老师傅，用三顾茅庐的真诚打动师傅，使他收自己为关门弟子。师傅对他要求极其严格，做得不好就用做烧饼的棒子敲他的手，手背常常被敲得青紫红肿；在烤炉旁，汗流浃背的场景每天都在上演。不服输的倔强，美好的创业憧憬，让他抹干泪水、汗水埋头苦学苦练。功夫不负有心人，几个月的坚持，让他初步摸到了门道，但他心里很清楚，这才刚刚开始。

解决了技术问题，他的第一个创业项目名扬烧饼店开张了。为了能做出大家放心的食品，在泰兴几千家烧饼店中脱颖而出，他在原材料的筛选、采购、运输、贮存等各个环节亲力亲为，把好质量关。自己既是老板，又是采购、会计、文员、面点师、销售，还兼做司机和搬运工。朋友半开玩笑地问过他："你的工作经验有什么？"他把他的"工作经验"悉数道来，朋友们笑了，笑得若有所思，笑得佩服之至。

吃，对于现代人来说已经不单单是果腹的要求了，如何吃出大健康、吃出多品味才是传统产业转型升级的创新之路。他去过很多地方考察，国外的烘焙展销会也参加过很多次。每到一处，他都静下心来，虚心请教，把握传统工艺和现代工艺结合点、创新点。回到企业，他反复尝试，在烧饼酥面的配比、芝麻的颜色、馅料的调整和面点现代生产线等方面取得突破，黄桥烧饼等系列保健养生食品相继问世，受到市场和消费者青睐。

怀揣"名扬天下"创业梦想的何兴，已不满足于店铺式经营模式。2013年他注册成立了江苏美佳怡食品有限公司。公司主要从事中点和西点的加工、生产、销售、研发以及代工。产品有黄桥烧饼（10余种口味）、高档手工饼干（30余品种）、凤梨酥（百分百金钻凤梨馅）、香芋酥、星空酥、月饼（40余品种：广式、苏式、潮式、港式、日式、法式乳酪）、蛋黄酥（Q心、红豆粒、肉松、白莲蓉等）、桃酥及各类"网红"产品。建成净化车间4000余平方米，拥有糕点生产线8条、黄桥烧饼生产线2条、曲奇生产线4条。

公司中式、西式糕点十分畅销，各大烘焙店及商超均有销售，如苏果超市、大润发、美好超市、古南都集团等；并与各老字号品牌店强强联营，如"穆桂英""王兴记""凯司令""南京冠生园""麦香人家""无锡苏江南""糕大师"等等。电商直播大潮他也没有错过，目前公司内部拥有三个直播间，与多家电商平台合作。2021年中秋节期间，京东自营店各产品成交金额达700余万元。

清明的青团、端午的粽子、盛夏的绿豆糕、中秋的月饼、春节的伴手礼……他们的产品不断出新。提到中秋节，那是一个让他又爱又恨的节日，加班加点不足为奇，通宵达旦更是家常便饭。连续三天没有在床上睡过，那更是一种刻骨铭心的体验。公司成立的这几年，他说他最喜欢黑夜，越深的夜他越钟情，不是因为夜色迷人，不是因为星空璀璨，而是因为天黑了电话就不会响了，时间就真的属于他了，才能享受片刻的宁静。

2017年，他又研制开发了元麦保健养生功能系列特色产品，重点开发方便型、即食型新品种，让泰兴的土咖啡走向全国，名扬天下。该项目被列为泰兴市2018年乡村振兴十项重点项目。

2020年10月，黄桥经济开发区与中国生物发酵产业协会达成战略合作协议，获得授牌启动建设中国生物发酵与未来食品城。借着中国生物发酵与未来食品城建设的东风，美佳怡公司作为中国生物发酵与未来食品城孵化器企业首批入驻。何兴及其团队在江南大学陈卫教授带领下，利用"耐胁迫植物乳杆菌定向选育及发酵关键技术"，依托中国生物发酵与未来食品城的大平台，研发了经典与时尚兼备、健康与美味齐驱的特色益生菌月饼，并应用了三种加工方式（冷链、冷加工、常温），形成了三种各具特色的产品。该成果拥有两项发明专利，并荣获国家技术发明奖二等奖。

按照消费者"少添加、要健康"的生活理念，何兴花费400余万元，打造黄桥首个十万级食品生产净化车间，用生产加工无菌环境锁鲜、用现代生产加工工艺延长保质期。厂区配备了研发室、综合实验室、产品展示区、亲子烘焙区及产品实时直播区。重点围绕企业文化和产品创新、客户对产品的认同和采购的互动体验、公司与客户黏性的管控等，努力打造一家智能化、数字化并拥有互动式产品体验的现代化企业。

在企业发展的同时，他十分注重个人综合素质修养和管理能力的提升，报名参加了中小企业研修班、企业家精修班和技能人才高级研修班等。2021年获得了国家二级面点师资格证，并获得江苏省"三带"（带领技艺传承、带强产业发展、带动群众致富）能手荣誉称号。

创业的路上，他是孤独的，因为"80后"的他没有那么多的时间灯红酒绿，高朋满座；创业的路上，他是艰辛的，因为"80后"的他没有那么多的机会满足现状，自我陶醉；创业的路上，他更是执着的，因为"情系黄桥，名扬天下"的创业梦想激励着"80后"的他砥砺前行，再创辉煌！

【作者简介】

孙丰民，泰兴市人力资源和社会保障局原副局长。

协会引领　规范管理　提升品质
——大力发展黄桥烧饼产业

◎ 刘建忠

小烧饼，大文章。黄桥烧饼已成为千年古镇黄桥彰显丰厚文化底蕴的一张名片。烧饼到处有，黄桥数最优。一曲《黄桥烧饼歌》随着新四军的脚步而名扬全国，黄桥烧饼包含丰富的黄桥元素，是集黄桥的孝文化、古

黄桥烧饼产业发展工作会议

文化、红色文化、美食文化等多种文化元素于一体的特殊的饼,是黄桥革命老区老百姓在抗战时期拥军的一个象征,体现的是不怕牺牲、奋勇争先的黄桥精神,这是其他任何烧饼都无法比拟的。因此放大品牌效应,做大黄桥烧饼产业,对于提高黄桥美誉度、推进黄桥高质量发展具有十分重要的现实意义。

毋庸置疑,任何产业的发展,都需要经历一个从无到有、由小到大、由弱变强的过程,净土健康产业也不例外。经过几年来的发展,不少市场前景好、竞争力强的净土企业或产品逐渐在市场上站稳了脚跟。而要使该产业做得更好、走得更远,则应该着力壮大主导产业。为了促进黄桥烧饼产业的健康发展,2001年10月成立了泰兴市黄桥烧饼协会,将泰兴市内的近百家黄桥烧饼店组织起来。通过协会组织来进一步弘扬黄桥烧饼的历史文化,进一步发展黄桥烧饼的产业,进一步开拓黄桥烧饼的经营市场,进一步规范黄桥烧饼产业的管理。多年来,泰兴市黄桥烧饼协会高度重视黄桥烧饼产业的发展,采取有效措施助推产业的快速健康发展,取得了显著成效。

产销会现场

黄桥烧饼质量评比活动现场

一是举办节庆活动促发展。多年来泰兴市黄桥烧饼协会通过举办黄桥烧饼产业发展论坛、黄桥烧饼产业创新发展峰会和黄桥烧饼节推动产业发展。黄桥烧饼节旨在以节会友,以节招商,宣传黄桥,推介黄桥烧饼。目前黄桥烧饼节已成为中国有特色的地方饮食文化节。自2001年开始每隔4年举办一次黄桥烧饼节，已先后举办了5届。泰兴市黄桥镇就以闻名遐迩的黄桥烧饼为媒，举办"中国·黄桥烧饼节"，旨在突出黄桥名片效应、人文效应、品牌效应，达到"以节会友、以节造势、以节促产、以节促销"的目的。通过举办各类活动收获了很多指导性、针对性、操作性很强的意见和建议，得到了各有关部门、单位的及时研究采纳，进一步强化产业扶持和服务保障，不断彰显黄桥烧饼的品牌力量，全面扩大黄桥烧饼的社会知晓度和市场占有率。

二是大力推行标准化生产。泰兴市黄桥烧饼协会会同泰州市质检、卫生、经贸等部门，制定《泰州市黄桥烧饼标准化生产技术操作规程》和系列产品加工标准等，并在全市生产基地和加工企业推广实施，有效提高了黄桥烧饼原料质量，增强了产品的市场竞争力。

2018年黄桥烧饼产业创新推进会会场

2021年黄桥烧饼产业创新发展峰会现场

三是着力壮大加工产业集群。加大对黄桥烧饼加工龙头企业的扶持力度，推动产业集聚，实现黄桥烧饼产业的规模化、集群化发展。先后扶持10家龙头企业新上了具有国家先进水平的技改生产线35条；全市规模以上黄桥烧饼企业发展到60多家。其中，4家企业通过了ISO质量体系认证；6个品牌的黄桥烧饼获"三品"认证使用权；4家企业产品获得省以上名牌或著名（驰名）商标。

四是注重党建引领。黄桥镇党委认真落实黄桥烧饼产业革命"八要素",聚焦建强基层党组织,建立黄桥烧饼协会党支部,将黄桥烧饼产业的发展战略与党的理论紧密结合,引领企业发展方向。采取"党支部＋经营实体＋农户"等方式,把群众组织起来、发动起来,抱团脱贫致富。

江苏省餐饮行业协会会长于学荣在产业创新发展峰会上讲话

五是注重能人效应。泰兴市黄桥烧饼协会注重致富能人带动效应,积极聘请专家能人进入黄桥,组织开展黄桥烧饼制作技能培训,用群众能听懂、易接受的家乡话教授技术,努力培育一批有文化、懂技术、会服务、能经营的现代新型技术能手。

【作者简介】

刘建忠,黄桥烧饼协会执行会长兼秘书长。

抓好黄桥烧饼品牌质量和保护工作

◎ 何建新

黄桥烧饼作为地理标志证明商标，已发展成为带动黄桥地区地方经济发展、百姓致富增收的支柱产业。多年来泰兴市黄桥烧饼协会作为这一支柱产业发展的推动者，围绕"黄桥烧饼"地理标志证明商标精心谋划，努力将该商标打造为具有地方特色的金字招牌。"黄桥烧饼"地理标志证明商

放心消费创建工作会议

标先后获得"江苏省著名商标""江苏省地理标志证明商标 20 强"等殊荣。

协会工作人员会同执法部门调查侵权行为

协会工作人员对侵权行为调查取证

黄桥烧饼协会现有 130 多家会员单位，主要分布全省各地，协会与每个会员单位签订了《黄桥烧饼商标使用许可协议》，要求所有会员单位严格按照《黄桥烧饼地理标志证明商标使用管理规则》和《黄桥烧饼制作技艺标准》，注重黄桥烧饼品牌质量。协会多次与有关部门共同举行黄桥烧饼技艺技能大赛和黄桥烧饼质量评比。多次联合执法部门对会员单位的原料和产品质量进行检查，实行监督检查黄桥烧饼产品质量常态化。有效的机制保证了黄桥烧饼的质量和特色，促进了黄桥烧饼品牌质量的提高。

同时，加大黄桥烧饼商标品牌的保护力度。由于黄桥烧饼在全省乃至全国有较高的知名度，所以，市场上黄桥烧饼鱼目混珠，侵犯黄桥烧饼商标专用权的情况屡见不鲜。为了更好地保护"黄桥烧饼"这一金字招牌，协会一是专门成立了品牌保护中心，主抓黄桥烧饼打假维权和产品质量的监督检查，立足本地区的黄桥烧饼打假维权工作，取得了明显成效。

黄桥市民评比黄桥烧饼质量并进行打分

二是在泰州、扬州、南通等地设立了维权点，会员店用黄桥烧饼地理标志商标的情况则主动与协会品牌保护中心联系，由协会品牌保护中心统一管理。三是在"宣传引导，保真的；专项整治，打假的"两个方面进行了积极的探索和有益的尝试，多措并举，多渠道营销，使黄桥烧饼的名誉度不断提升，农民增收、消费增信、品牌增值的"三增"目标初步显现。有效的机制、强硬的手段有效地保证了黄桥烧饼地理标志产品的质量和特色，还黄桥烧饼地理标志产品一个公平竞争的生产经营环境。

据统计，2019年以来，协会和市场监督管理部门共检查经营主体700多家，发现黄桥烧饼侵权行为68起，立案35起，当场摘牌25户。协会先后通过行政、法律等手段进行了打假维权。协会除在本地打假维权外，还对周边地区擅自使用"黄桥烧饼"地理标志证明商标的情况调查摸底，并在市场监督管理部门的配合下，赴扬州、常州、上海、南通等地开展打假维权活动。现在，这些地区的"黄桥烧饼"地理标志证明商标的使用得到了规范，黄桥烧饼的美誉度得到了保证，有效地促进了黄桥烧饼市场的健康发展。

对企业的黄桥烧饼进行质量检查

与媒体一起抽查黄桥烧饼制作质量

【作者简介】

何建新，黄桥烧饼协会品牌保护中心主任。

技能比武强素质　业务提升筑匠心

◎ 倪耕耘

源于泰兴市黄桥镇的黄桥烧饼，因独特的工艺和特有的原料造就了"香酥之饼"的美名，并获得了"中华名小吃""中华第一饼"的殊荣。

多年来，黄桥烧饼协会高度重视黄桥烧饼的传承和发展，先后举办了多期黄桥烧饼制作技能培训，通过集中培训、导师带徒、技术比武等方式有针对性地对制作人员进行培训，激发了广大技术人员学知识、学技能的热情。同时，每年都举行黄桥烧饼制作技能培训、技能大赛、质量评比等活动。据统计，至今已有32人被授予省市级的"金牌工人""技术能手"等荣誉称号，86人获得了"中式面点师"证书，推动了黄桥烧饼产业的可持续发展。

黄桥烧饼技能培训现场1

黄桥烧饼技能培训现场2

2018年培训现场

技能大赛理论考核现场

摘坯包酥、擀皮包馅、刷糖丝、粘芝麻……每次职业技能大赛，既是提高黄桥烧饼品质、提升黄桥烧饼知名度、推动黄桥烧饼产业发展的一次大比武，也是弘扬劳模精神、劳动精神和工匠精神，营造劳动最光荣、劳动最崇高、劳动最美丽的有力举措，更是建设知识型、技能型、创新型劳动者大军的重要手段。

通过初选和集训确定的选手将参加实际操作和理论考试两轮竞赛。技能比赛以"又快又好"为准则，从制作时间、摘面坯、包馅、做形状、粘芝麻和装盘等六个方面进行综合考评。通过"以赛提能、以赛促干"，为"天下第一饼"培养更多专业人才和能工巧匠。

美食专家评判

技能大赛现场

为了提升黄桥烧饼品质，通过定期举行黄桥烧饼质量评比活动，让黄桥烧饼制作单位亮出看家本领，聘请中国面点大师和消费者代表组成评审组，采取现场抽样的评定方式，从色、香、味、形、酥等五个方面进行评定，最终评选出一、二、三等奖及优胜奖。

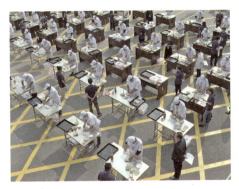

2021年技能大赛

技能大赛评审

花絮：黄桥烧饼职业技能大赛发现与培育高技能人才

2017年6月20日，首届创富泰兴·黄桥烧饼技能大赛在黄桥益民肉制品有限公司举办。赛前的动员大会上，泰兴以及黄桥各级领导纷纷到场为参赛选手加油助威。此次比赛与以前比赛不同，对选手的操作时间、摘面坯、包馅、粘芝麻、装盘和烧饼形状均有要求，部分选手表示从未参加过如此严格要求的烧饼制作比赛。此次参赛人数80人，分两组进行。比赛开始后，选手们灵巧的双手在案板上快速地移动，你追我赶，不甘示弱。此次大赛设一、二、三等奖，其中一等奖占10%、二等奖占20%、三等奖占30%；对获奖选手颁发荣誉证书外，还发放一定数额的奖金；

2017年黄桥烧饼技能大赛开幕式

技能大赛表彰大会

对未获奖的选手，每人发放150元，以资鼓励。同时对获奖人员进行理论培训，理论合格后由江苏省、市等三级人力资源和社会保障部门分别颁发高级、中级、初级"中式面点师"资格证书，由黄桥烧饼协会颁发"黄桥烧饼制作技术能手"荣誉证书，获得一等奖者由市总工会表彰为"金牌工人"，并由市餐饮行业协会向省餐饮行业协会推荐评选"面点大师"。

评委们对烧饼进行评判

在历届黄桥烧饼节期间，协会都分别举办了多次黄桥烧饼大赛。通过竞赛，可以展示黄桥烧饼行业发展状况，激发和调动广大黄桥烧饼从业者学习业务、钻研技术的积极性和主动性，提高其整体素质和技能水平；通过竞赛，广大黄桥烧饼从业者可以交流经验、切磋技艺，协会则鼓励创新、扩大影响，大力弘扬中华美食文化，促进中华名小吃的振兴、创新，推陈出新；通过竞赛可以发现和培育高技能人才，从整体上推动黄桥烧饼产业的发展。

【作者简介】

倪耕耘，黄桥烧饼协会会员服务中心主任。

全力推进黄桥烧饼行业工资集体协商

◎ 邵项民

黄桥烧饼行业现已拥有烧饼企业近千家,职工总数超万人。为了促进企业的稳步发展并保障职工的报酬待遇,为全面贯彻落实上级工会关于开展餐饮行业工资集体协商会议精神,自2014年起,黄桥烧饼行业协会在行业内开展了工资集体协商工作,取得了预期的效果,并得到了全国总工会及省市总工会的肯定。具体做法主要体现在以下五个方面。

一是黄桥镇党委和政府重视,行业工资集体协商组织"有保障"

黄桥镇党委和政府对开展黄桥烧饼行业工资集体协商工作十分重视,专门成立了由党委、政府主要领导牵头的,相关职能部门负责人为成员的工资集体协商领导小组,并将该工作纳入党委和政府的议事日程;同时,出台了《关于深入推进工资集体协商的工作意见》。工资集体协商领导小组各职能部门分工明确、协力推进。镇人社局加强对烧饼企业工资分配的调控指导和监督检查;镇工会履行好参与和指导职责,切实维护职工的收入分配权益;协会负责对全镇烧饼企业的规范化管理;镇经发局和工商分局等部门加强对烧饼企业的监督和指导,督促企业建立好工资集体协商制度。

二是深入调查研究，开展行业工资集体协商"有依据"

一方面，依托黄桥烧饼行业协会，积极组织与黄桥烧饼企业业主进行座谈，了解各企业的经营状况，为企业转型升级、跨越发展出谋划策。同时，做好宣传引导工作，通过各种渠道向经营业主广泛宣传工资协商和行业整顿的重要意义，赢得了企业经营者的理解与配合，达成了协商共识。另一方面，深入开展黄桥烧饼行业的工序、工时、工价和行业职工收入情况调查，对行业工资底线和增长空间有了进一步的了解，为确定协商内容，找准切入点、积累素材、摸清底数，掌握第一手资料。

三是围绕发展中心，落实行业工资集体协商"有重点"

根据黄桥烧饼行业整体发展的新情况、劳动关系的新变化，在协商过程中，着重解决了六个方面的问题：一是确定岗位最低工资标准。即在政府颁布的最低工资标准基础上再提高10%。二是调整固定工资增长幅度。即固定工资年均增长幅度不少于8%。三是完善季节工工资待遇标准。因生产需要聘用季节工的，每小时工资不得低于12.5元；如遇员工产假、病假、婚丧假等，其工资则按本人基本工资发放，并不得低于本市最低工资标准。四是实行弹性休息休假制度。根据季节淡旺，实行弹性休息日制度，安排员工休息，确保员工的合法权利。五是实行工龄补贴制度。引入"工龄补贴"的做法，即员工从进入企业满两年起算，每增一年，月工资增长15元，以此鼓励员工长期稳定地

2014年10月8日，协会召开行业工资集体协商制度第一次会议

在企业工作。六是设立"效益奖"和"文明奖"。如当年的经济效益比上年增幅超过 10%，则企业拿出超额部分的 20%，按职工业绩设一、二、三等奖分别给予奖励；如当年获得黄桥镇、泰兴市、泰州市、江苏省乃至全国表彰的，企业分别给予一定的奖励。

四是把握关键环节，推进行业工资集体协商"有方法"

2014 年 10 月 31 日泰兴市总工会指导行业工资集体协商工作方案

在泰兴市总工会的指导下，黄桥烧饼行业协会进行了整顿，改选了行业理事会、行业工会，先后召开了三个层次座谈会，开展了两轮工资集体协商工作，重点抓好四个关键环节：一是出台了《黄桥烧饼行业工资集体协商实施方案》。二是确定了双方协商代表。双方协商代表均为 7 人，企业方代表由行业协会选举产生，其首席代表由行业协会会长担任，职工方代表由各企业工会组织职工代表选举产生，其首席代表由行业工会主席担任。三是起草了行业性工资专项集体合同文本。在起草合同过程中，工会先后多次召开职工代表座谈会，广泛征求职工意见，同时，就工资分配形式、岗位工资标准等涉及职工切身利益的事项，多次与企业方代表进行磋商。经过多轮讨论、协商和修改，最终制定出了符合行业实际、双方较为认可的工资合同文本草案。四是召开协商会议。在协商会议上，组织职工代表观摩协商全过程，双方协商首席代表签订正式合同文本，并报市人社局审查同意。会后，及时在行业企业内向全体职工公布，以便督促企业和职工自觉履行合同。

五是发挥积极作用，实施行业工资集体协商"有成效"

黄桥烧饼行业工资集体协商工作的扎实推进，促进了分配制度的公平合理，有效化解了多年的劳资矛盾，实现了企业和职工劳动关系的和谐稳定，增强了职工的主人翁意识，增添了企业谋发展的信心，促进了黄桥烧饼产业的稳健发展。

在开展行业性工资集体协商工作中，黄桥人深深地体会到：必须紧紧依靠党委和政府的重视和支持，形成党政齐抓共管的工作局面和强大的推动力，创造有利的工作条件，才能保

2014年11月7日全国总工会和江苏省总工会人员亲临参加黄桥烧饼行业工资集体协商观摩会议

证行业工资集体协商工作的顺利推进；必须加强与相关部门的沟通和联系，发挥工会组织的协调作用，形成上下联动、各方参与的工作格局，才能营造良好的工作氛围；必须树立敢于攻坚克难的信心和勇气，带着强烈的政治责任感和对职工群众的深厚感情，才能保持不懈的工作动力；必须坚持服务大局和创新的工作理念，主动作为、形成合力，完善机制，分类指导，勇于实践，才能有效地破解难题，推动工会工作的深入开展。

【作者简介】

邵项民，黄桥烧饼行业联合工会主席。

全方位宣传推介，放大品牌效应

◎ 徐界平

中国（江苏）国际餐饮博览会展演

黄桥烧饼是中华名小吃，是泰州地区的地标美食。为打造新时期黄桥烧饼品牌，提升黄桥烧饼产业核心竞争力，黄桥烧饼协会在原有的整体品牌形象下，整合利用节庆活动、展示展销活动、产品推介会等展开全方位的宣传，提升社会对黄桥烧饼产业知名品牌的认知度，收到了较好的效果。

重磅打造最强品牌

为提升市场对黄桥烧饼的认知度和美誉度，树立与巩固品牌形象和市场地位，进一步增强黄桥烧饼在烧饼行业内的影响力，从 2014 年开始，泰兴市黄桥烧饼协会加大对外宣传及品牌形象推广力度，从外包装、内馅品种更新和外形设计变化等多方面来增强品牌的知名度和影响力。

参与多场权威展会

为积极迎接黄桥烧饼行业发展新趋势，黄桥烧饼协会在品牌推介策略方面开始进行调整，高调参加国家级和省市级餐饮行业多场权威展会，尤其是自2013年起，连续十年参加中国（江苏）国际餐饮博览会，获得了组委会的认可和南京市民的好评。借助展会，充分展示黄桥烧饼最新产品，进一步提升品牌的知名度与影响力，并借展会平台进行空白市场的招商，以拓展市场布局，推动市场更快发展。

大运河美食嘉年华非遗展演

泰州市名特优产品展洽会展演

中国（淮安）国际食品博览会展演

江苏地标美食与旅游文化研讨会上介绍黄桥烧饼品牌

拓展网点推介宣传

2022中国农民丰收节上黄桥烧饼网上直播

近年来，黄桥烧饼协会引领骨干企业进军高速公路服务区和旅游景点，适时启动高速公路和旅游传播战略，强势启动布点广告！黄桥烧饼经营店的宣传，成为高速公路和旅游景点上一道亮丽的风景！在彰显黄桥烧饼作为地理证明商标和江苏省级非遗传承的权威性的同时，也让黄桥革命老区人民"自强不息，奋勇争光"的新时期黄桥决战精神不断深入消费者的内心。

搭建平台拓宽销路

2014年以来，黄桥烧饼协会结合遍布全国的经营店的现状，充分挖掘和利用当地的管理资源，多方位成立黄桥烧饼协会分会，开展区域的强强联合，并结合当地百姓的消费需求更新烧饼的品种设计，更好地展现黄桥烧饼优质的产品、全面贴心的服务，增强品牌渠道黏度，展现多赢的格局。

黄桥烧饼强势提升品牌宣传推广力度，有力宣传了黄桥烧饼品牌，提升了黄桥烧饼商标品牌知名度，努力让黄桥烧饼品牌在江苏乃至全国成为人人知晓、人人喜爱的品牌，拓宽了销售渠道，进一步提高黄桥烧饼的消费者认知度，促进终端市场消费。

2022中国农民丰收节上创新产品展销

《黄桥烧饼》编审工作会议

【作者简介】

徐界平,黄桥烧饼协会宣传推介中心主任。

泰兴市黄桥烧饼协会

20世纪末,随着经济的振兴,古镇黄桥面貌大变,一座具有现代神韵的新城镇于苏中大地迅速崛起。从事黄桥烧饼经营实体已逾百家,行业骨干企业规模越做越大,黄桥烧饼产业发展趋旺。为展示黄桥经济建设成果,展现黄桥人的精神风貌,彰显黄桥烧饼的品牌力量,扩大黄桥的知名度,进一步推动黄桥文化旅游事业和经济发展,2001年5月,黄桥镇人民政府作出了成立黄桥烧饼协会和举办黄桥烧饼节的决定,经过近5个月紧锣密鼓的筹备,于2001年10月成立了泰兴市黄桥烧饼协会,11月成功举办了首届"中国·黄桥烧饼节"。

省级非遗牌

协会成立后,确定了"规范行业管理、引导产业发展、弘扬品牌文化"的服务宗旨,健全了协会秘书处、协会工会和协会党支部等组织体系;2016年,又先后成立了会员服务中心、技能培训中心、品牌保护中心、质量监管中心、创新研发中心、外宣推介中心等六大功能中心。协会各职能部门紧紧围绕"服务宗旨"有效有序开展各项工作,组织起各届黄桥烧饼节的系列活动,多次组织开展了黄桥烧饼质量评比、黄桥烧饼制作技能大赛、黄桥烧饼制作技术培训、黄桥烧饼产业发展推进会等活动,制定并推行了行业内工资集体协商制度,参加了历届江苏省食品博览会、江苏(国际)餐饮博览会、江苏名特优农产品(上海)交易会、江苏(国际)农产品洽谈会、长江和大运河沿线城市非物质文化遗产名品展等各类展示展演展销活动,使黄桥烧饼获得了"中华名小吃""中国名点""中华第一饼"等荣誉称号,"黄桥烧饼"商标被认定为国家"地理标志证明商标"、江苏省"著名商标","黄桥烧饼大礼包"被评定为江苏省"特色伴手礼"、长三角"特色伴手礼"。江苏省放心消费创建活动办公室和市场监督管理局共同

2003"中华名小吃"奖牌

2016年"江苏省著名商标"奖牌

2017"质量强市特别奖"奖牌

2016"中华第一饼"奖牌

授予黄桥烧饼协会"江苏省放心消费创建先进行业"称号,江苏省餐饮行业协会授予黄桥烧饼协会"优秀行业协会"称号,江苏省总工会授予协会工会"模范职工之家"称号。

黄桥烧饼分别被编入了《中国食品指南》《江苏省地标美食名录》《淮扬美食名录》《江苏特色伴手礼名录》,黄桥烧饼制作技艺被确定为"江苏省非物质文化遗产"。为了把黄桥烧饼的历史文化、品牌形象、品质风味、制作工艺等通过视频和文字图片形式保存下来,协会自筹资金,制作了《黄桥烧饼》影像片,制定了《黄桥烧饼制作技艺标准》,委托江苏《美食》杂志社编纂了《黄桥烧饼》专刊,委托东南大学出版社出版《黄桥烧饼》专著。

2004省食品博览会金奖奖牌

2015年"模范职工之家"奖牌

2014江苏农产品和地理商标20强证书

2013"天下第一饼"奖牌

通过开展和参加各类活动,进一步放大了黄桥烧饼的品牌效应,提高了黄桥烧饼的知名度和消费者的认可度,推动了黄桥烧饼产业跨越式发展。力争用三到五年时间,全国黄桥烧饼实体店超过1500家,年产饼量超3亿只,年销售额在10亿元以上,努力把黄桥烧饼打造成闻名世界的地标美食和富民产业。

2018年"中国名点"证书

2012年"中国名点"奖牌

黄桥烧饼协会大事记

一、烧饼节

第一届：2001年11月16—18日，地点黄桥大剧院；

第二届：2004年9月19—21日，地点黄桥大剧院；

第三届：2010年9月30日—10月6日，地点黄桥大剧院；

第四届：2016年12月26—30日，地点黄桥大剧院；

第五届：2020年10月12—15日，地点黄桥大剧院。

二、产业发展论坛

2014年8月29日：泰兴市黄桥烧饼产业发展工作会议；

2016年12月26日：第四届黄桥烧饼节黄桥烧饼产业发展论坛；

2018年11月11日：黄桥烧饼产业发展推进会；

2021年11月28日：黄桥烧饼产业创新发展峰会；

2022年8月24日：江苏省黄桥烧饼研究院工作会议。

三、质量评比

2016年12月26日：第四届黄桥烧饼节质量评比活动；

2018年10月28日：举办放心消费质量评比活动；

2020年10月12日：第五届黄桥烧饼节质量评比活动；

2022年9月23日：举办创新产品展示暨质量评比活动。

四、技能大赛

2017年6月20日：创富泰兴·黄桥烧饼技能大赛，地点益民公司；

2020年10月12日：黄桥烧饼技能大赛，地点黄桥大剧院广场；

2021年10月8日：黄桥烧饼技能大赛，地点黄桥现代农业产业园。

五、技能培训

2017年8月8日：黄桥烧饼技能培训班；

2018年6月28日：泰兴市第十四期农业职业技能暨黄桥烧饼技能培训班；

2018年11月10日：黄桥烧饼技能培训班；

2020年9月18日：黄桥烧饼"五包"技能培训班；

2021年10月26日：黄桥烧饼制作就业技能培训班。

六、餐博会

2013—2022年连续十年参加中国（江苏）国际餐饮博览会。

七、展示展销

2006—2021年：江苏农业国际合作洽谈会；

2006—2021年：江苏名特优农产品（上海）交易会；

2019—2021年：大运河美食嘉年华；

2017年10月：第二届长江非物质文化遗产大展；

2019—2021年：中国（淮安）国际食品博览会；

2022年12月：第十九届中国国际农产品交易会。

八、院校交流

2016年7月11日：台湾铭传大学、台湾云林科技大学和合肥学院；

2018年7月24日：南京工业职业技术大学；

2022年8月4日：常熟理工学院；

2022年8月4日：南京理工大学紫金学院、南京旅游职业学院。

中国·黄桥烧饼节

——以节会友　以节造势　以节促产　以节促销

◎ 何　健

黄桥是千年古镇、文化名镇，是革命老区。闻名遐迩的黄桥烧饼是黄桥地区人民的传统美食，传承至今已有一千多年历史。它因1940年的一场黄桥战役而闻名，当年诞生的一首《黄桥烧饼歌》随着新四军的脚步传遍大江南北。1949年，黄桥烧饼入选开国大典国宴。开国领袖毛泽东主席虽然没有到过黄桥，但他对黄桥烧饼留下了很好的印象；他曾与刚从苏北军区调到身边担任警卫战士的陈长江散步时说："你知道吗？黄桥烧饼是好出名的……"陈长江把毛主席同他谈话的内容写成回忆录，收入《战斗在大江南北》一书，并存放在中央历史档案馆。

举办黄桥烧饼节，是"时"的要求，也是"势"的需要。20世纪末，黄桥经济发展势头良好，古镇面貌焕然一新，镇区建设如火如荼，企业改制成效显著，企业下岗人员精神焕发、成功转岗创业……为展示黄桥经济建设成果，展现黄桥人的精神风貌，镇政府借助黄桥烧饼的品牌力量，决定举办黄桥烧饼节，以节为媒，广交朋友，宣传黄桥，推介黄桥，招商引资，进一步扩大黄桥的知名度，推动黄桥文化旅游事业和经济发展。自2001年至2020年，成功举办了五届"中国·黄桥烧饼节"，达到了"以节会友、以节造势、以节招商、以节促产、以节促销"的目的。如今，黄桥烧饼节已成为中国有特色的地方饮食文化节。回顾历届烧饼节，各有特色，精彩纷呈。

首届"中国·黄桥烧饼节"

2001年11月16日上午9时，首届黄桥烧饼节在落成不久的黄桥大剧院开幕。

首届黄桥烧饼节，规格高，邀请的嘉宾名人多。江苏省委原副书记周泽、泰州市委原书记陈宝田、泰州军分区原政委朱逸民、曾任毛泽东警卫一中队队长陈长江、新四军老同志以及部分新四军老领导的子女、来自全国各地的知名人士等应邀参加；近百名新闻记者及泰兴各界人士等亲临现场感受盛况。

首届黄桥烧饼节开幕式

开幕活动盛况空前，开幕式后举行了大型广场文艺演出和全国文明示范小城镇揭牌暨黄桥镇十桥中路开街庆祝仪式，来自黄桥各企业、街道、学校、农村的业余文艺团体，由工人、农民、青少年学生组成的方队载歌载舞，整个镇区彩旗飘扬，鼓乐喧天，欢声笑语一片，象征和平吉祥的白鸽在蓝天飞翔，近十万群众从四面八方络绎不绝涌向黄桥，一时人流如潮。

黄桥烧饼展示展销活动也同时在黄桥公园内举行。公园内人山人海、游客如织，在全镇精选出的24家名品店齐聚公园现场制作和销售黄桥烧饼；30多种口味的黄桥烧饼，风味各异，令食客大饱口福，大开眼界；三天时间里，黄桥每家烧饼店收入均超万元。

活动以文化搭台。16日下午至晚上在黄桥大剧院，江苏省歌剧院、省名模时装队联袂演出，著名男高音歌唱家顾欣、著名歌唱家殷秀梅、军旅歌唱家刘斌、歌星叶岚纷纷登台，与省歌剧院的艺术家们一起，向黄桥人民奉献了精彩的文艺大餐；晚上在银杏花园广场，同时举行了群众文艺演出。17日晚上举行的焰火晚会，持续了整整半个小时，黄桥的夜空绽放出一片灿烂和辉煌，黄桥人无不为五彩缤纷的礼花所陶醉。18日上午在黄桥大剧院举行了"黄桥杯"新闻奖、"黑松林杯"黄桥烧饼与黄桥征文大赛及"黄桥与黄桥烧饼"知识竞赛颁奖仪式；下午至晚上，江苏省演艺集团将刚刚获得"中国六艺杯金奖"的大型歌舞《好一朵茉莉花》和大型历史剧《王昭君》搬上大剧院舞台，深受黄桥人民的喜爱；晚上在银杏花园广场继续举行群众文艺演出。

经济唱戏是活动的主旨。17日上午在黄桥大剧院三楼会议室召开了黄桥烧饼产业研讨会，江南大学商学院的郇延庆教授和薛云建教授就"小烧饼做成大产业"进行了通俗易懂的讲授；下午在黄桥大剧院举行招商引资洽谈签约活动，当天共签订了13个正式合同，引进外资和民资达5000万元。

烧饼节也成为宣传的阵地。黄桥业余摄影爱好者拍摄的"新黄桥"摄影图片展览在黄桥大剧院举办；几千枚"中国·黄桥烧饼节"纪念封载着老区人民的深情厚谊发往全国各地。节庆也拉动了旅游，大剧院广场和镇区其他景点成为黄桥烧饼节文艺舞台不可或缺的迷人的外景，南京、上海、扬州等地的旅行社组织了近千名游客来黄桥观光旅游、品尝烧饼，黄桥独有的历史文化底蕴和自然人文景观给游客们留下了良好的印象,也为黄桥旅游业发展推波助澜。

第二届"中国·黄桥烧饼节"

第二届"中国·黄桥烧饼节"与"高淳杯"第二届全国农民歌手电视大赛颁奖晚会在黄桥同期举行。

第二届"中国·黄桥烧饼节"于2004年9月19日上午在黄桥大剧院广场隆重开幕。本届活动的两大特色是:活动内容多,先后举办了黄桥烧饼产业化研讨会、文化旅游景点参观、服装和牛仔布展销、烧饼美食展销、黄桥中学校庆、群众文艺演出、焰火晚会等丰富多彩的活动;对外宣传力度大,邀请了长三角地区16家电视新闻媒体,全方位多视角采写拍摄了16部电视宣传片,在各家电视台循环交流播放,展现黄桥古镇风貌和经济发展取得的最新成果,让更多的人了解黄桥古镇,了解黄桥经济建设的环境和老区人民的精神风貌,吸引长三角地区客商到黄桥投资兴业。

第二届黄桥烧饼节

命名"黄桥之夜"的第二届全国农民歌手电视大赛颁奖晚会于 9 月 20 日晚 8 时在黄桥大剧院举行，晚会以"战地黄花今更香，走进黄桥话小康"为主题。时任省委副书记、省政协主席张连珍，中国文联副主席吴雁泽、省政府副省长黄莉新、省政协副主席陆军、省扶贫工作领导小组副组长王宏民、省长助理陈宝田等出席晚会，并为获奖选手颁奖。颁奖晚会上，获奖选手演唱了《中国农民》《今天是个好日子》《共产党领咱奔小康》等一首首发自肺腑的颂歌，唱出了在党的领导下广大农民幸福美好的生活，唱出了改革开放为农民带来的巨大变化，唱出了当代农民良好的精神风貌。著名艺术家吴雁泽满怀深情地演唱了《在那遥远的地方》和《草原上升起不落的太阳》，倾注了他对广大农民的浓浓情怀。最后，晚会在主题歌舞《在希望的田野上》中结束。

黄桥烧饼节与全国农民歌手大奖赛颁奖仪式同艳齐辉。

第三届"中国·黄桥烧饼节"

2010 年 9 月 30 日上午，在黄桥大剧院广场举行第三届"中国·黄桥烧饼节"开幕式。本届烧饼节的特点是：时间跨度长，与国庆长假同步（9 月 30 日至 10 月 6 日），为期一周；活动主题鲜明，结合黄桥战役胜利 70 周年活动一并举行，宣传黄桥历史文化，弘扬黄桥决战精神。

这届烧饼节节庆活动内容丰富、成果丰硕。10 月 1 日上午举行了黄桥"古镇一日游"启动仪式，来自各地的 10 多个旅游团队 500 多人参加了启动仪式，节庆期间共接待了四面八方的游客近万人；组织了黄桥烧饼、农副产品及特色美食展销，

第三届黄桥烧饼节开幕式

近百家展位布满了千米长的文明路两侧,整个街道人山人海,每天吸引上万名游客和周边群众来此观光、品尝和购买;召开了黄桥烧饼产业研讨会,选出了黄桥烧饼的名品、名店、名人;举办了文化活动周,内容包括大型群众文娱演出、花卉展、古风书画展、邮票展、电影活动周、红诗会等。

第三届烧饼节演艺活动

节庆活动前举办了"纪念新四军黄桥战役胜利70周年座谈会"。座谈会于2010年9月19日上午,在北京人民大会堂举行。时任中央军委副主席、国务委员、国防部部长迟浩田上将,全国政协常委、中国人民对外友好协会会长、北京新四军研究会会长陈昊苏,省政协副主席陈宝田,黄桥战役时任新四军苏北指挥部作战参谋、福州军区空军原参谋长恽前程,全国人大常委会副秘书长乔晓阳等100多位有关领导、新四军老战士及家属出席了座谈会。迟浩田上将深情寄语黄桥老区人民:在党的领导下,沿着改革开放的道路,与时俱进,再创辉煌!

第三届黄桥烧饼节于10月6日晚在盛大的焰火表演中落下帷幕。此次活动通过多种媒介的推送,让更多的游客和消费者了解黄桥古镇和黄桥烧饼背后的历史文化元素,使黄桥魅力远播,黄桥烧饼美味飘香全国。

第四届"中国·黄桥烧饼节"

2016年12月26日上午,在黄桥大剧院举行第四届"中国·黄桥烧饼节"开幕式,省餐饮行业协会于学荣会长授予黄桥烧饼"中华第一饼"奖牌。这届烧饼节的主题是,推进古镇旅游业发展,展示黄桥经济建设成果。

节庆活动主要围绕两条主线展开:一条是烧饼产业发展主线,举行了黄桥烧饼产业发展研讨会、黄桥烧饼质量评比、黄桥烧饼暨特色小吃展销等；一条是推进古镇旅游发展主线，举行了黄桥新城生态湖和音乐公园启用仪式、黄桥投资环境说明和项目签约仪式、黄桥古镇旅游项目推介发布会等。活动各具特色、异彩

第四届黄桥烧饼节开幕式

纷呈，从不同层面和角度展现了黄桥经济社会发展成果，展示了黄桥人民昂扬向上的精神风貌，进一步提高黄桥知名度、美誉度。

第四届黄桥烧饼节启动仪式

第四届黄桥烧饼节黄桥古镇旅游推介发布会

黄桥烧饼产业发展研讨会上，于学荣会长发表了主旨演讲，扬州大家马健鹰教授对黄桥烧饼的历史演变等进行了授课，其他专家、教授也为黄桥烧饼产业发展出谋划策。此次活动在加快黄桥烧饼产业发展步伐、明确产业发展方向、打造特色品牌等方面提供了诸多实质性、针对性、发展性的意见和建议，对黄桥烧饼产业发展产生积极的推动作用和深远的影响。黄桥烧饼质量评比活动中，18家较有影响力的会员展示了各自最美味的黄桥烧饼，接受了面点大师专家组和人大代表组的共同评定，按色、香、味、

形、酥等五个方面的标准评选，决出了特等奖和金、银奖。在大剧院广场举办的黄桥烧饼及美食展销活动中，98个展位的特色美食，每天吸引着万人参观品鉴，5天的销售总额达150万元。

于学荣会长参加黄桥烧饼产业发展论坛

在黄桥古镇旅游项目推介发布会上，参会的旅游业界专家、学者和旅行社高管等纷纷为黄桥古镇旅游献计献策；上海骊文国际旅行社丁浩董事长表示，从2017年起，将推出以黄桥古街为中心，通过以点画线、以线覆面、带动周边的形式来吸引上海游客来黄桥游玩、品尝美味黄桥烧饼的旅游线路。

第四届黄桥烧饼节于12月30日晚在黄桥大剧院闭幕。由黄桥本土文艺团队演出的《龙腾鼓乐》开场舞，将黄桥烧饼节活动和群众文化活动推向了高潮。历时5天的第四届黄桥烧饼节，吸引全国各地游客前来品尝黄桥烧饼、畅游黄桥古镇，品味一个不一样的黄桥，对增强黄桥烧饼节品牌影响力、提升黄桥美誉度起到了重要推动作用。

第四届黄桥烧饼节展销现场一角

第五届"中国·黄桥烧饼节"

2020年10月10—15日,纪念新四军黄桥战役胜利80周年暨第五届"中国·黄桥烧饼节"在黄桥举行。

原南京军区司令员朱文泉,省政协原副主席陈宝田,原北京军区副司令员粟戎生,原南京军区副司令员徐承云,原毛泽东主席管家吴连登及140余名新四军黄桥战役参战将士的后代等参加了纪念活动。10月10日上午,在巍然耸立的新四军黄桥战役革命烈士纪念塔前,伴随着庄严高亢的《中华人民共和国国歌》旋律,全场肃立,全体人员向在黄桥战役中英勇献身的烈士默哀;在深情的《献花曲》中,12名礼兵护送6个大型花篮,缓步走向烈士纪念塔,将花篮整齐地摆放在纪念塔前;在场人员向烈士献花,表达对革命先烈们的无限怀念和无比崇敬之情。在新四军黄桥战役纪念馆旧址,老将军、新四军老战士及其后代唱起了《黄桥烧饼歌》,随着节拍,围观的市民们也跟着一起唱起来,现场气氛十分热烈。叶飞将军长女叶小楠激动地说:"黄桥的

第五届黄桥烧饼节大赛现场1

"老百姓这么热情,他们还想念着为他们牺牲的先烈们,80年了,他们还记着!"北京新四军研究会副会长戈继军是新四军老战士戈克平的女儿,她介绍说,80年前父亲参加了黄桥战役,生前对黄桥烧饼以及老区人民很是挂念,教会子女的唯一一首歌就是《黄桥烧饼歌》。当天,全体人员还参观了新四军黄桥战役纪念馆、通如靖泰临时行政委员会旧址、新四军苏北指挥部,共同瞻仰红色遗迹,追忆革命历史,接受红色教育。

第五届"中国·黄桥烧饼节"于10月12日上午在黄桥大剧院广场隆重开幕,本届活动主题为"红色黄桥、烧饼飘香、产业扶贫、振兴乡村"。开幕式上,省餐饮行业协会授予刚成立的"江苏省黄桥烧饼产业发展研究院"铜牌,省消保委授予黄桥烧饼"江苏特色伴手礼"的奖牌,还展示了毛

第五届黄桥烧饼节大赛现场2

主席管家吴连登先生的"毛主席说：黄桥烧饼好出名的"墨宝。下午在大剧院广场举行了"支前烧饼"制作技能大赛决赛，近百名黄桥烧饼制作能手各怀绝技、同台竞技比武，30名选手分获一、二、三等奖，比赛吸引了2000多人现场观摩。12日上午的黄桥烧饼质量评比活动中，20家黄桥烧饼制作单位亮出看家本领，5名中国面点大师及20名黄桥镇人大代表组成评审组，采取现场抽样的评定方式，从色、香、味、形、酥等五个方面进行了综合评定，最终评选出一、二、三等奖。节庆期间，还进行了黄桥烧饼展示展销、烧饼产业扶贫研讨会、扶贫·爱心购、古镇旅游推介会、闭幕式等系列活动。

自2001年举办首届"中国·黄桥烧饼节"以来，每届活动内容丰富、特色明显，充分展示了黄桥深厚的文化魅力、团结向上的精神风貌、开放创新的外在形象，成为外界认识黄桥、了解黄桥的一个重要窗口，扩大了黄桥烧饼的品牌影响力，提升了黄桥古镇的美誉度，推动了黄桥经济社会的健康发展。

第五届黄桥烧饼节闭幕式授奖

传承是最好的纪念，发展是最深的告慰。黄桥老区人将继续传承和弘扬黄桥决战精神，解放思想，开拓创新，攻坚克难，锐意进取，抢抓机遇，推动黄桥经济高质量发展，为建设社会主义现代化国家贡献黄桥力量。

【作者简介】

何健，黄桥烧饼协会会长。

（注：特别感谢首届黄桥烧饼节策划者之一何希平先生提供了部分内容。）

难忘黄桥烧饼节

◎ 顾寄南

年逾古稀,在我心目中所认可的节,除了传统民俗的清明、端午、中秋、春节,再就是"老四节"和"新四节"了。

这是我的概括,不一定准确。"老四节"谁都知道,就是妇女节、劳动节、儿童节、国庆节;而"新四节"即为改革开放后时兴的教师节、老年节、母亲节和父亲节。至于名目繁多的情人节、愚人节、感恩节、圣诞节、光棍节等等等等,爱追时尚的尽管追去,我是姑妄听之、漠然视之、一笑置之的。

我不过,也不反对别人过,但别人往往逼着我过。圣诞节时,儿女们、学生们寄来贺卡,什么圣诞快乐、愉快,盛情难却,我当然来者不拒,但回复都要等到元旦后春节前,贺年片上一律写为新年如何如何。

我知道,儿女们私下里不以为然,笑我太正统,不跟国际接轨。我说接轨不能滥用,该接轨的当然照接。例如母亲节,我不仅早就知道世界上很多国家过这个节日,而且知道源自美国的安娜·贾维斯小姐。为了不忘记自己的母亲,是她首先在母亲的忌辰,也就是5月的第二个星期日请朋友到她费城的家中举行悼念活动,并提议在全国设一个母亲节,迅即得到响应,逐步从美国流向世界。世上只有妈妈好,外国人爱母亲,中国人也爱母亲，好像还格外深挚。好些年了，每到母亲节这一天，我儿子女儿给他妈妈贺节，我也给我远在老家的妈妈打个电话，寄点礼品，眼眶里顿时湿漉漉的。母亲节，堪称"洋为中用"的典范。

但是，接轨不等于亦步亦趋，全盘照搬。过节不同于科技，各民族自有各民族根深蒂固的传统伦理、风俗习惯，以及无可替代的民族精神，委实随便不得的。如今，习惯握手的中国人不少大庭广众接起吻来，甚至黑发染成黄头发，黄皮肤也漂得白渣渣的，不过，至今我还是为中国女排里约夺冠情难自已，热血沸腾。

一时兴起，说说而已，我们为中国女排骄傲，好奇的年轻人又何尝不是如此？爱国心，中国情，对洋节有兴趣的年轻人，对本土节日的兴趣也丝毫不减。一年到头，这节过罢那节到，车站机场，一个个远在他乡的游子，那大包小包朝老家直奔的劲头，真令人感动万分。没有号令，胜似号令，恐怕这就是节的独特魅力了。

我常想，一年到头，假如没有那么些节日，我们的日子该是何等模样？黯淡无光，索然无味，一潭死水，似乎怎样形容都不过分。小时候，我父亲远离故乡在山东工作，他常说，一年忙到头就是盼的过年，每月发工资，除了给家里寄的，平时也尽量节省，总想回家多带一点；星期日上街逛商场，看到穿的玩的，也是在心里掂量，这个适合奶奶，那个儿子肯定喜欢，就等过年带回去了。难怪，我们的各级领导每到过年都要访贫问苦，为使民工拿到工资回家过年简直操碎了心。

过节的感觉真好，诚如我们小时候唱的那首歌："来来来来，让我们大家一齐来，唱歌跳舞，个个都愉快！"一时间，举国上下，男女老少，工农商学兵，一切的一切都融为一体，平时的辛劳苦恼似乎全得到补偿，事业啊理想啊也增光添彩，变得格外具体生动。

也许太好了，如今的节一天天多起来。除了老祖宗传下来的，全国全民族的，各行各业，各市各县也不甘寂寞：电影节、银杏节、科技节、风筝节、会船节，甚至连各地的土特产，诸如龙虾、荷藕、茶叶、伏羊也冠上节的名义，炒得天上有、地下无，乖乖隆的咚。好事，盛世欢歌，无可非议，就各地而言，招了商，引了资，推出了产品，提高了地方知名度，于国于民，总觉利大于弊。可惜，这么多节，尽管我龙虾经常吃，茶叶天天品，却从来没有到当地去过，人家不邀请我，我也未曾自费前往。好在我也有节。什么节？黄桥烧饼节！并非夸张，也许只要我写下这几个字，就给人非同凡响、与众不同的感受。

是不同啊，世上有几个黄桥，有几个黄桥决战呢？难怪黄桥人要说，黄桥不需要通过办节来提高地方知名度，黄桥烧饼也不需要办节来推向世界，黄桥决战与《黄桥烧饼歌》早已使黄桥与黄桥烧饼名扬四海永载史册。那年，为了悼念共和国主席刘少奇，中央电视台在湖南花明楼少奇同志故居前搞了一台节目，紧跟着《新四军军歌》的就是《黄桥烧饼歌》。前几年中央电视台"心连心"到兴化演出，开场又是《黄桥烧饼歌》。黄桥办节，实乃众望所归，水到渠成，全为着老百姓心里高兴。

难忘十多年前，面貌大变的黄桥举办了首届烧饼节，那万人空巷，载歌载舞，新四军老战士与黄桥人民同唱一首歌的情景至今尚为人们津津乐道。稍后几年，第二届烧饼节又与全国农民歌手大奖赛颁奖仪式同艳齐辉。十月金秋，硕果累累，一个崭新的黄桥通过电视荧屏展现在亿万人民面前，此时此刻，历史在这里浓缩了，陈总、粟总，还有开国领袖毛泽东仿佛坐在主席台上，他说："黄桥烧饼好出名的！"

如今，首倡举办第一届黄桥烧饼节的唐勇兵书记早已退休，举办第二届的戴仁泉书记也将退休，可黄桥人民始终想念他们，想念他们带领黄桥人民把曾经贫困落后的老区变成了小上海、新浦东……为官一任，造福一方，信也！

（发表于 2014 年 10 月 25 日《泰州日报》，有删改）

"黄桥烧饼"证明商标使用管理规则

◎ 泰兴市黄桥烧饼协会

第一章 总 则

第一条 为了促进黄桥烧饼规范化的生产、经营，强化黄桥烧饼质量，维护和提高"黄桥烧饼"证明商标在国内外市场的声誉，保护使用者和消费者的合法权益，根据《中华人民共和国商标法》《中华人民共和国商标法实施条例》和国家工商行政管理总局《集体商标、证明商标注册和管理办法》，制定本规则。

黄桥烧饼商标

黄桥烧饼地理标志证明商标

第二条 "黄桥烧饼"是经国家工商行政管理总局商标局核准注册的证明商标，用于证明黄桥烧饼在特定地域环境下规范化管理、生产加工的特定品质及原产地域。

第三条 泰兴市黄桥烧饼协会是"黄桥烧饼"证明商标的注册人，对该商标享有专用权。

第四条 申请使用"黄桥烧饼"证明商标的，应当按照本规则的规定，经泰兴市黄桥烧饼协会审核批准。

第二章 "黄桥烧饼"证明商标的使用条件

第五条 使用"黄桥烧饼"证明商标的黄桥烧饼的地域范围：泰兴市黄桥镇、古溪镇、分界镇、元竹镇、珊瑚镇和新街镇。

第六条 使用"黄桥烧饼"证明商标的黄桥烧饼特定品质。

1. 感官要求

黄桥烧饼外形美观、色泽金黄，如蒸熟之蟹壳，诱人涎滴，入口酥松，稍嚼即化，甜咸适中，老少皆宜。带馅类饼皮厚薄均匀，皮馅比例适当，馅料分布均匀、细腻，具有该品种应有的组织特征。

2. 理化指标

（1）水分≤25％；（2）粗脂肪≤34％；（3）总糖≤40％；（4）酸价（以脂肪计）≤3mg/％；（5）过氧化值（以脂肪计）≤0.25％。

3. 原料特征

面粉、植物油、芝麻出自黄桥地区沙质壤土上种植的中筋小麦、花生、大豆和芝麻加工而成；板油、肉松来源于黄桥本地区养殖户利用山芋藤、胡萝卜、青玉米等叶菜类为饲料的生猪制作而成。

4. 独特工艺

揣酵"和面"时，天冷一定要烫酵。兑碱要看碱面是否起泡，反之则黏牙。制作烧饼时，不能捶重搭酥的面团。贴饼前用布将炉壁抹干净，再用中、文火烤，如用烤箱，亦要控制好火候，才可烤熟烧饼。

第七条 同时符合上述使用条件的商品经营者，可申请使用"黄桥烧饼"证明商标。

第三章 "黄桥烧饼"证明商标的使用申请程序

第八条 申请使用"黄桥烧饼"证明商标的申请人应向泰兴市黄桥烧饼协会递交《证明商标使用申请书》。

第九条 泰兴市黄桥烧饼协会自收到申请人提交的申请书后，在5天内完成下列审核工作：

1. 泰兴市黄桥烧饼协会派人对申请人进行考察，并对产品进行检测。

2. 检测和综合审查后，做出书面审核意见。

第十条 符合"黄桥烧饼"证明商标使用条件的，应办理如下事项：

1. 双方签订《证明商标使用许可合同》；

2. 申请领取《证明商标准用证》；

3. 申请领取证明商标标识；

4. 申请人交纳管理费。

第十一条 申请人未获准使用"黄桥烧饼"证明商标的，可以自收到审核意见通知10天内，向注册人所在地县级以上工商行政管理部门申诉，泰兴市黄桥烧饼协会尊重工商行政管理部门的裁定意见。

第十二条 "黄桥烧饼"证明商标使用许可合同有效期为5年，到期继续使用者，须在合同期满前30天内向泰兴市黄桥烧饼协会提出续签合同的申请，逾期不申请者，合同有效期届满后不得使用该商标。

第四章 "黄桥烧饼"证明商标被许可使用者的权利和义务

第十三条 "黄桥烧饼"证明商标被许可使用者的权利：

1. 在其产品上或包装上使用该商标及中国地理标志产品专用标志；

2. 使用"黄桥烧饼"证明商标进行产品广告宣传；

3. 优先参加泰兴市黄桥烧饼协会主办或协办的技术培训、贸易洽谈、信息交流活动等；

4. 对证明商标管理费的使用进行监督；

5. 其他权利。

第十四条 "黄桥烧饼"证明商标被许可使用者的义务：

1. 维护"黄桥烧饼"证明商标所指定产品的特有品质、质量，维护市场声誉；

2. 接受泰兴市黄桥烧饼协会对产品品质的不定期的检测和商标使用的监督；

3. "黄桥烧饼"证明商标的使用者，应有专人负责该证明商标标识的管理、使用工作，确保"黄桥烧饼"证明商标标识不失控、不挪用、不流失，不得向他人转让、出售、馈赠"黄桥烧饼"证明商标标识，不得许可他人使用"黄桥烧饼"证明商标。

商标注册证

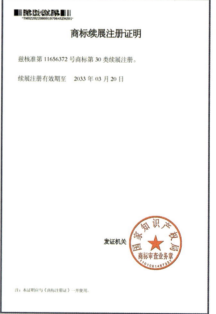

商标续展注册证明

第五章 "黄桥烧饼"证明商标的管理

第十五条 泰兴市黄桥烧饼协会是"黄桥烧饼"证明商标的管理机构，负责《证明商标使用管理规则》的制定和实施，负责对使用该证明商标的产品进行全方位的跟踪管理，做好产品质量的监督检测工作，并协助工商行政管理部门调查处理侵权、假冒案件。

第十六条 对本规则条款的修改应经商标局审查核准，并自公告之日起生效。

泰兴市黄桥烧饼协会与"黄桥烧饼"证明商标被许可使用人签订的许可使用合同，送交双方所在地工商行政管理局存查，并报送商标局备案，由商标局公告。

第十七条 泰兴市黄桥烧饼协会为保证"黄桥烧饼"证明商标使用工作的科学性、严肃性、公正性、权威性，诚请各有关部门和社会团体进行监督，同时也接受和处理使用"黄桥烧饼"证明商标产品的消费者的投诉。

第六章 "黄桥烧饼"证明商标的保护

第十八条 "黄桥烧饼"证明商标受有关法律保护，如有假冒侵权等行为发生，泰兴市黄桥烧饼协会将组织收集证据材料，并对举报单位和个人给予必要的奖励。

第十九条 对未经泰兴市黄桥烧饼协会许可，擅自在本申请包括的商品（或服务项目）上使用与"黄桥烧饼"证明商标相同或近似商标的，泰兴市黄桥烧饼协会将依照《中华人民共和国商标法》及有关法规和规章的规定，提请工商行政管理部门依法查处或向人民法院起诉；对情节严重，构成犯罪的，报请司法机关依法追究侵权者的刑事责任。

黄桥烧饼国家地理标志

第二十条 "黄桥烧饼"证明商标的使用者如违反本规则，泰兴市黄桥烧饼协会有权收回其《证明商标准用证》和已领取的证明商标标识，终止与使用者的证明商标使用许可合同；必要时将请求工商行政管理机关调查处理，或寻求司法途径解决。

第七章 附 则

第二十一条 使用"黄桥烧饼"证明商标的具体管理费标准，由泰兴市黄桥烧饼协会按照国家有关物价管理规定并报有关部门审批后实施。

第二十二条 "黄桥烧饼"证明商标的管理费专款专用，主要用于商标注册、续展事宜，印制证明商标标识，检测产品，受理证明商标投诉、收集案件证据材料和宣传证明商标等工作，以保障"黄桥烧饼"证明商标产品的声誉，维护使用者和消费者的合法权益。

第二十三条 本规则自国家工商行政管理总局商标局核准注册该证明商标之日起生效。

二〇一二年九月十八日

黄桥烧饼，证明商标魔力无穷

◎ 蔚莉

"黄桥烧饼黄又黄嗳，黄黄烧饼慰劳忙哩！烧饼要用热火烤嗳，军队要靠老百姓帮！同志们啊吃个饱，多打胜仗多缴枪……"这是在1940年后传唱于苏北抗日根据地的《黄桥烧饼歌》。它诞生于黄桥战役的炮火中。

黄桥烧饼协会会长何健告诉我们："这一仗打得非常激烈，新四军日夜坚守在阵地上，一天吃不上一顿饭。我们黄桥老百姓看到这情景非常着急，镇内12家磨坊和60多家烧饼店日夜赶制烧饼。当时的情景是，镇外战火纷飞，镇内炉火通红。人们冒着敌人的炮火把做好的烧饼送到了前线阵地，新四军将士们吃了烧饼以后，浑身增添了力量，打起仗来也非常起劲，最终取得了伟大的胜利。《黄桥烧饼歌》一直传唱到现在。"

一个战役、一首歌曲，使黄桥烧饼名声大噪。

可是，如此历史悠久、名闻遐迩的美食，作为商品，直到2013年才有了正式的身份标记——注册商标。

何会长说，起初大家都没有商标意识，可是当意识到需要为黄桥烧饼注册商标，去商标总局申请时竟然被驳回了。

2001年，泰兴市已经有了100家黄桥烧饼店。为了保证黄桥烧饼的品质,保护黄桥烧饼这个品牌,黄桥镇成立了泰兴市黄桥烧饼协会,用何会长的话来说,就是不想黄桥烧饼这个牌子被砸掉。他告诉我们:"当时,我们这里生产的烧饼都叫黄桥烧饼。谁是正宗的,谁是假的?没办法去解释清楚这个问题,你说我这个黄桥烧饼是假的吗?不对,你的真的又在哪儿?这是我们行业协会管理过程中遇到的一个难题。"

想规范黄桥烧饼这个产业,协会想到了给黄桥烧饼注册商标,于是以黄桥烧饼有限公司的名义向商标总局进行了申报。申报材料递上去后,他们听到的答复是,黄桥烧饼已经成为通用商标了,商标注册申请于是被驳回,这令黄桥烧饼协会以及黄桥烧饼有限公司始料未及。黄桥烧饼在黄桥镇已经有一千多年的历史了,申请注册商标也是为了使这个品牌能得到更好的传承、维护与发展,怎么连商标都注册不到呢?到底哪里出了问题?大家都有点儿摸不着头脑。

宁海商标事务所事业部主任宋扩新分析说:"当时这个商标被驳回的原因主要有两个方面:第一是申请的主体是有限公司;第二,商标的性质是一般商标,即普通商标。我们都知道,黄桥烧饼已经演变成泰兴市的名点小吃,有点像特产,它已经变成了一种公共资源,如果这种商标核准给某一个公司的话,实际上就构成了资源的独占,所以第一次申请时,商标局就没有核准。"

正当黄桥烧饼协会一筹莫展时,当地工商部门了解到这个情况后,开始帮助黄桥烧饼协会另辟蹊径。

泰兴市场监督管理局王勇科长告诉我们:"我们工商部门积极地和省工商局、国家商标局的有关人员对接,我们认为这个商标应该把它申请注册为地理标志证明商标。通过证明商标的注册,证明我这个产品来自一个特定的区域,通过特定的工艺,生产了特定品质的商品,这样,就能把黄桥烧饼这一个产业做大。我们以黄桥烧饼协会的名义把这个商标报到了国家商标局,作为一个证明商标进行申请,短短三个月的时间,国家商标总局就把这个商标核准注册了。"

就这样,2013 年,有着一千多年历史的黄桥镇的特产黄桥烧饼终于正式有了作为商品的最基本的身份标志——商标。那么前后两次商标注册申请为什么会产生不同的结果呢？宁海商标事务所宋扩新主任分析说："一是因为申请商标的主体更换了，由公司变成了不是以营利为目的的行业协会。第二，申请注册的商标性质也发生了变化，由申请普通商标变成申请证明商标。证明商标有个好处，除了申请人之外，其他的会员，包括当地的公司、个人，只要符合黄桥烧饼的条件，都可以申请'黄桥烧饼'来使用。所以第二次重新申请'黄桥烧饼'商标，就得到了核准。"

证明商标与普通商标在使用、管理等方面有很多不同之处，所有的会员，包括符合条件的其他申请人，都可以向证明商标的拥有者——行业协会申请使用地理标志证明商标。而行业协会则必须承担起对商标的管理和监督等种种义务。宋扩新向我们介绍说："任何一个地理标志证明商标在申请时都要申报使用管理规则，例如'黄桥烧饼'在申报产品的规则时申报了感官要求、理化指标、原材料、独特的工艺等几项要求，协会要据此进行监督。此外，如果协会发现市场上存在非成员在使用'黄桥烧饼'这个商标的情况，他们完全可以去维权，维护市场信誉等。"

在获得证明商标的注册后，黄桥烧饼协会开始更加积极履行自己的义务，在企业准入、质量监督和把控、产品包装等各方面都对"黄桥烧饼"这个品牌进行维护，带动了整个产业的发展。何会长说："商标的持有人是我黄桥烧饼协会，但我自己不能搞经营，我授权符合条件的业主使用'黄桥烧饼'商标，没有我们的授权，他不能叫'黄桥烧饼'。"

为了保护"黄桥烧饼"的品牌，协会要求各业主按照协会制定的质量标准加工生产。何会长说："黄桥烧饼之所以有独特风味，主要是因为两个方面的原因：第一是它的传统工艺比较独特；第二是它的材料是我们本地的。我们建立了黄桥烧饼原料配送中心，用我们本地的面粉、本地的油料、本地的内馅，再加上传统的制作工艺，这样生产的黄桥烧饼，它的口感好，很正宗。大的业主，基本上是自己去采购原料；小的业主，他对原料自己心里没底，不知道什么原料能做出口感好的烧饼，并且自己采购成本也高，他们就从我们建立的配送中心采购，这样就可以从源头把黄桥烧饼的质量保证下来。"

协会还会经常检查，对于没有规范操作的业主，协会会要求整改，不符合规定的业主，协会则取消其使用商标的资格。

此外，在包装上，协会也设计了体现黄桥烧饼文化内涵和特点的统一包装，大业主可以自己印制，小业主则可以由黄桥烧饼配送中心提供包装。

何会长说："'黄桥烧饼'注册成功之后，烧饼的质量有了保证，烧饼的品牌更响了，烧饼的业主变多了，变强大了，我们烧饼这个产业也有了更好的发展前途了。"

黄桥烧饼协会对企业授权使用商标、进行规范管理的过程并非一帆风顺，尤其是刚注册完证明商标后，遇到过很多企业不能理解的状况。黄桥烧饼协会维权办主任何建新说，由于黄桥烧饼在周边城市也有很大的号召力，所以南通、扬州等城市也有很多店自称"黄桥烧饼"，但他们没有得到黄桥烧饼协会使用商标的授权，仪征的陈老板就是其中之一。

他说："陈老板 20 世纪 80 年代就在仪征化纤厂附近卖黄桥烧饼，我跟秘书长去维权的时候跟他说：'你使用这个商标就构成了侵权。'他说：'凭什么黄桥烧饼就是你们的商标？我搞这个二十几年了你们怎么还来打假维权呢？'他晚上 9 点多钟打电话给我们，还骂人。当然我们也理解他对证明商标的不理解，我们在电话里面耐心地解释，让他不要用'黄桥烧饼'，可以叫'仪征烧饼''陈记烧饼'。他说：'不行，我搞了这么多年了，如果换'陈记烧饼''仪征烧饼'，肯定生意不好。'"

陈老板最终因为坚持使用未经授权的"黄桥烧饼"商标，被处罚并赔偿黄桥烧饼协会的损失。但是，黄桥烧饼协会并没有彻底关上陈老板使用"黄桥烧饼"商标的大门，协会派专人登门向陈老板普及商标知识，并对他按照协会的要求进行了培训，符合条件后，陈老板被授权使用"黄桥烧饼"证明商标。何建新告诉我们："他现在已经加入我们协会了，做得很好，生意比以前红火了。他上周还打电话叫我们烧饼协会去做客呢。"

泰州市凤城黄桥烧饼有限公司是最早在黄桥镇旅游景区销售现烤黄桥

烧饼的企业，总经理陈晓军说，自打有了证明商标之后，凡是得到授权的商户，都可以理直气壮地对顾客说，"您吃到的就是最正宗的黄桥烧饼"，顾客买得放心，商家也因此生意更红火了。"市场明显地提升，'五一'、'十一'、清明假期，还有周六、周日，特别是到了中午时间，顾客大量涌来，由于我们的烧饼是现做现卖，有时候供应不上，顾客都要排队一到两个小时才能买到。"陈晓军说。

江苏美味鲜食品有限公司开创于1883年，是一家百年老店，总经理洪辉的体会是，有了证明商标，加上行业协会对"黄桥烧饼"品牌的维护，黄桥烧饼的质量有了保证，对美味鲜这样的百年老店而言，净化了竞争环境，规范生产、保证品质的企业更可以大展拳脚了。他说："在协会成立之前，市场鱼龙混杂，做得好的，卖两块钱、三块钱；做得不好的，卖五毛钱的也有。价格差异这么多，这做出来的东西能保证是一样的吗？黄桥烧饼协会成立以后，在质量上进行规范，在原材料上提出要求，比如说肉松该用什么样的肉松，面粉该用什么等级的面粉，油应该是用什么级别的油……整体提高了我们黄桥烧饼的品质，顾客对我们产品的信任度、满意度等方面都有提高。我们也进了一些超市、大卖场、网店，目前增势还不错。"

一千多年来，黄桥人不断改进工艺并创新，丰富了黄桥烧饼的品种，如今的黄桥人，更是巧妙地运用证明商标，将黄桥烧饼的优势发挥到极致。

刚出炉的黄桥烧饼，色泽金黄，香气四溢。一口咬下，毫不费力，稍嚼即全部化开，边皮带脆，越嚼越香。当你在全国各地都能放心地买到正宗的黄桥烧饼时，你是否会想到，这是一枚小小的证明商标所产生的魔力呢？

注：本文节选自记者蔚莉的文章《黄桥烧饼，证明商标魔力无穷》，此文刊登于《倾听花开的声音》一书。该书由江苏省商标战略实施工作领导小组办公室、江苏省工商行政管理局、江苏省广播电视总台财经广播共同编著，羊城晚报出版社出版。

为黄桥烧饼品牌护航

◎ 王 勇

有着千年历史的黄桥古镇,自古以来商贸兴旺,人才辈出。产自这里的黄桥烧饼早在几百年以前就已经为人所熟知。但真正让它出名的却是1940年的一场黄桥决战和诞生于决战炮火中的一首《黄桥烧饼歌》。

一个商标,见证了产业的发展

黄桥烧饼是泰兴黄桥老区的支柱产业,黄桥烧饼协会通过开展注册证明商标、制定产品标准等工作,规范了地方的这一个产业,保证了产品品质。

2001年,黄桥镇成立了泰兴市黄桥烧饼协会。当时,黄桥镇生产的烧饼都叫黄桥烧饼,没有统一的商标;产品加工没有统一标准,质量良莠不齐。协会想规范黄桥烧饼这个产业,首先就是注册商标。在商标注册之初,由于对情况不是很了解,商标注册经过了反反复复的过程,

在泰兴市工商行政管理局(现市场监管局)的帮助下,最终确定以协会的名义申请注册"地理标志证明商标"。2012年12月,"黄桥烧饼"商标报国家商标局审查,短短三个月的时间,国家商标局就把"黄桥烧饼"地理标志证明商标核准注册了。从此,有着千年以上历史的黄桥烧饼,终于

有了作为商品的最基本的身份标志——商标。

"黄桥烧饼"证明商标成功注册后，协会工作有了抓手，并从企业准入、质量监督和把控、产品包装等各方面入手，维护好"黄桥烧饼"品牌的形象，引导着整个产业的健康发展。从此，黄桥烧饼的质量得到了保证，黄桥烧饼的品牌得到了保护。面对巨大的市场，更多的人加入黄桥烧饼这个产业中来，在解决人员就业问题的同时，也给经营者带来了丰厚的收益。

作为黄桥烧饼行业的管理者，黄桥烧饼协会十分重视商标战略的实施，"黄桥烧饼"品牌建设取得了巨大的成果。2014年，"黄桥烧饼"商标被认定为"泰州市知名商标"；2016年，被认定为"江苏省著名商标"。

此外，黄桥烧饼协会十分重视品牌的保护工作，从规范商标的使用入手，在打假、维权等方面，投入了大量的人力和物力。通过大力实施商标战略，黄桥烧饼这个产业为地方经济做出了较大的贡献。

一面锦旗，叙说着保护的艰辛

2022年6月17日，黄桥烧饼协会会长何健一行来到泰兴市市场监管局，送来一面"打假维权解企忧，保驾护航助发展"的锦旗，表达了对市场监管部门高效服务和秉公执法的感激。

近几年，随着黄桥烧饼产业的壮大，周边市县甚至省外烧饼加工主体不经授权使用"黄桥烧饼"商标的情况屡见不鲜，他们的产品质量参差不齐，有的甚至挂羊头、卖狗肉，严重影响了黄桥烧饼产业的信誉，造成不好的影响。为做好"打响一个品牌，带动一方产业，富裕一方百姓"工作，市场监管部门指导黄桥烧饼协会对"黄桥烧饼"地理标志证明商标进行保护，擦亮地标金字招牌。指导协会起草了《黄桥烧饼证明商标使用管理规则》，让协会对商标的使用管理有规可依；指导协会与产品检验检测机构合作，把好食品安全关；指导协会起草《黄桥烧饼产品质量行业标准》，确保黄桥烧饼加工经营户的产品质量符合要求；指导协会规范商标印制工作，要求会员使用的包装盒、包装袋等需报协会备案，印制内容也需经过审核；

指导协会正确使用地理标志保护标志，将保护标志使用单位报国家知识产权局备案，并监督企业按国家知识产权局下发的矢量图规范印制。

为强化"黄桥烧饼"地理标志证明商标专用权保护工作，市场监管部门协同黄桥烧饼协会，一方面每年开展不少于两次专项行动，在全市范围内查处擅自使用"黄桥烧饼"地理标志的违法行为。另一方面，及时处理有关投诉、举报，做到有举报必检查、有案件必查处，从而有力地保护了"黄桥烧饼"地理标志证明商标专用权。

每年，市场监管部门指导协会召开会员大会1次，通过法规宣讲、现场指导等方式，指导会员单位规范使用"黄桥烧饼"地理标志证明商标。指导协会在公众号、电视等各类媒体宣传"黄桥烧饼"商标，培养消费者主动购买正标产品的意识，也让试图不经授权使用"黄桥烧饼"商标的商家意识到"黄桥烧饼"商标受到法律保护，不经授权使用将会受到法律的惩处。

多年来，黄桥人不断改进工艺，创新发展，丰富了黄桥烧饼的品种，如今的黄桥人，更是巧妙地运用证明商标，将黄桥烧饼产业的优势发挥到极致。协会和市场监管等部门将继续努力，让消费者在全国各地都能放心地买到正宗的黄桥烧饼。

【作者简介】

王勇，任职于泰兴市市场监督管理局。

黄桥烧饼名特优产品电商销售展洽会

为进一步激发全社会创业活力，助推实体经济发展，促进泰州地区电商做大做强，帮助泰州各类企业搭建更加广阔的销售平台，2017年8月8日"创富泰州全市名特优产品电商销售展洽会"开幕，黄桥烧饼作为地方特色美食参加了展洽会。

电商销售展洽会现场 1

本次展洽会共有300家本地企业、300家本地电商、40家全国知名电商和40家市内外媒体参加,展出了各类名特优产品上千种。

"800多个黄桥烧饼半小时就销售一空,消费者的热情超乎我的想象。"泰兴黄桥美味鲜食品有限公司总经理洪辉喜不自禁,"我们的产品是现做现卖,我已经打电话回去,通知厂里加班加点抓紧生产,争取多送一点黄桥烧饼过来。"

这次展洽会旨在架起实体企业与网络电商的"合作之桥",帮助各类企业站在"互联网+"的风口,构建更高层次的销售平台,拓展更加广阔的销售市场,推动企业、电商合作双赢。

据统计,本次展洽会7天里,共有5万余人次去到展洽会现场参观;电商与企业签约数达7600多单;现场企业产生销售额900多万元;企业与电商达成意向销售额1.26亿元。

电商销售展洽会现场2

电商销售展洽会现场3

左手传承　右手创新

黄桥烧饼产业创新发展推进会在黄桥召开

2018年11月11日，黄桥烧饼产业创新发展推进暨江苏省餐饮行业协会饮食文化研究专委会三届五次会议在泰兴市黄桥镇召开。

此次会议旨在推进黄桥烧饼产业不断创新发展，加快江苏饮食文化源流脉络研究和成果发布，支持建设地域文化特色明显的小吃品牌。江苏省餐饮行业协会秘书长徐浩、会员服务中心主任苏永忠、饮食文化委主席周妙林，泰州市技术质量监督局商标处处长张荣，泰兴市政协副主席薛晨光、政协秘书长张建新、人社局副局长孙丰民、市场监督管理局副局长黄备战、总工会副主席赵建华、供销社副主任刘堃，泰兴市餐饮行业协会会长吴长元，黄桥镇人大副主席吴新军，黄桥镇副镇长王永富等领导以及省餐协饮食文化委主席团成员共40多人出席。江苏省餐饮行业协会副会长朱昌进主持会议。

会议中，泰兴市政协副主席薛晨光介绍了泰兴的人文历史、餐饮旅游资源，为打造黄桥烧饼品牌，弘扬地方饮食文化，创新产业化融合，推进产业化发展提出了新思路。泰兴市技术质量监督局张荣处长发布了《黄桥烧饼制作技艺地方标准》，使得黄桥烧饼的制作技艺更趋标准化、产业化。泰兴市餐饮行业协会会长吴长元从"新时代，让黄桥烧饼更好吃；新时代，让黄桥烧饼更好看；新时代，让《黄桥烧饼歌》更好听"三个方面对黄桥烧饼的创新发展与大家进行交流。会议中，黄桥烧饼协会何健会长向与会代表介绍了黄桥烧饼产业创新发展工作计划，并就《美食·黄桥烧饼增刊》的内容收集工作进行了说明。

江苏省餐饮行业协会副会长朱昌进

泰兴市政协副主席薛晨光

在交流发言中，江苏省餐饮行业协会饮食文化委副主席邵万宽、韩平、胡好梦、都大明、李登年、丁玉勇、承嗣荣，省餐协小吃委孙华靖秘书长，常州市新北区烹饪餐饮协会会长潘国庆，徐州市餐饮行业协会会长王海燕，福建省晋江市餐饮烹饪行业协会执行会长陈山春，江苏苏豪传媒有限公司总经理助理陈恒俊等领导、专家纷纷就黄桥烧饼产业创新发展发表了自己的观点和想法。

南京旅游职业学院烹饪文化研究所所长邵万宽教授认为："小吃也可以做大文章，黄桥烧饼可以在馅心、饼皮方面寻求多样化创新！"泰兴市人社局副局长孙丰民建议，大力发挥行业协会的作用，把会员单位团结起来。企业员工不仅要提高自己的技艺水平，也要提高理论修养。积极拓宽黄桥烧饼的营销渠道。泰兴市市场监督管理局副局长黄备战表示："黄桥烧饼可以从品牌、品质、品种三个方面入手进行提升。"黄桥镇人大副主席吴新军对专家、学者来到黄桥为黄桥烧饼产业的创新发展献计献策表示了感谢，并相信在社会各界的共同努力下，黄桥烧饼产业将越做越好，越做越强！泰兴市总工会副主席赵建华说："黄桥烧饼行业工资集体协商已经得到了全国总工会的认可，成为全国典型。通过广泛调动群众的积极性，让全民参与进来，可以进一步扩大黄桥烧饼的影响力！"

常州市新北区烹饪餐饮协会会长潘国庆建议："当企业把黄桥烧饼打造成包装食品的时候，应该通过共同研发，让消费者可以体会到刚出炉时的香、酥、脆的效果。比如，通过完善包装上的食用说明，让消费者知道如何加热效果口感最好。"徐州市餐饮行业协会会长王海燕说："技术上没有最好、只有更好。好的产品要有文化、有品牌。"

推进会现场

江苏苏豪传媒有限公司总经理助理陈恒俊认为："黄桥烧饼的宣传工作可以分层次进行。比如，通过报纸、杂志、电视以及网络新媒体进行宣传；通过泰兴市政府自身进行宣传；通过黄桥烧饼从业者的宣传；以及通过在大型商超、商场（shopping mall）开设旗舰店的形式进行品牌形象宣传。还可以考虑将黄桥烧饼打造成网红爆品，从而迅速扩大黄桥烧饼在年轻消费群体中的知名度。"

江苏省餐协饮食文化委副主席韩平介绍："宜兴正在打造美食美器宜帮菜，每年都会举办素食博览会。希望宜兴和泰兴的餐饮企业可以加强交流与合作。"江苏省餐协小吃委秘书长、江苏尚香食品有限公司总经理孙华靖感叹："对于小吃来说，创新非常重要。在小吃产业化过程中，应当左手传承、右手创新，企业抱团取暖。企业发展不应该一味地追求做大，而是要做强。炉子不在大小，关键是要火旺！"

"黄桥烧饼黄又黄，黄桥烧饼慰劳忙……"香酥可口的黄桥烧饼受到与会来宾的一致称赞，在参观完黄桥战役纪念馆、黄桥古镇、中国最美乡村祁巷村以及部分黄桥烧饼企业之后，作家、书法家纷纷题诗作赋表达对黄桥烧饼的喜爱。

江南老房子画家、民俗学家季全保教授亲题《黄桥烧饼产业创新促进会有感》："古镇起源始神宗，五县通衢史厚重。红色文化留初心，黄桥烧饼传古风。小南湖景映长空，美丽祁巷耀传统。家乡美味草鞋底，黄桥魅力永传颂。"

原江苏商学院烹饪专业教研室主任陈苏华教授即兴赋诗《题黄桥烧饼》："饼者汉魏兴，飘香越千年。最珍属黄桥，抗敌功无前。小饼之匠心，精致巧万研。风味无限好，盛享在人间。"

会议中，江苏省餐饮行业协会饮食文化委主席周妙林在认真听取交流发言后认为：做大做强黄桥烧饼产业应有创新思维，走标准化、产业化发展之路；应树立质量为本理念，加强人才培养；应讲好黄桥烧饼美食故事，加强全方位宣传，加大营销力度；应整合政府、行业、企业资源，共同打造黄桥烧饼品牌。

江苏省餐饮行业协会副会长兼秘书长徐浩代表协会祝贺活动取得圆满成功。徐秘书长指出，黄桥烧饼创新发展应从产业化角度，全方位统筹考虑，加大文化宣传，加强品牌建设，加快产业升级，规范市场秩序。徐秘书长表示，在江苏餐饮业国际化发展进程中，黄桥烧饼已经连续多次参加中国（江苏）国际餐饮博览会，受到各方好评，希望今后创造条件，推进黄桥烧饼"走出去"发展，实现黄桥烧饼全球共享的目标。

黄桥烧饼飘香中国农民丰收节

◎ 何 健

丰收节,是世界各地人民庆祝丰收的节日;在中国,丰收节已有上千年的历史,主要是庆祝一年的丰收,祭祀丰收神炎帝神农氏。农历十月初十日是传统的丰收节,人们认为这一天是"十全十美"的吉日。

黄桥烧饼展销1

黄桥烧饼展销2

2018年6月21日,国务院关于同意设立"中国农民丰收节"的批复发布,同意自2018年起,将每年农历秋分(每年的9月23日前后)设立为"中国农民丰收节"。2018年的首届中国农民丰收节主场设在中国农业博物馆,中国农业博物馆为了纪念这一节日的设立,专门铸造了一口"丰收盛鼎"。丰收盛鼎,造型与纹饰凸显新时代、农民和丰收这个主题。丰收盛鼎外形为四足方鼎,鼎高180厘米。鼎耳以吉祥虎纹为饰,寓意风调雨顺、国泰民安。耳侧以鱼纹为饰,寓意年年有余。

秋季是万物成熟的季节,秋分是广大农民喜获丰收的节令。全国处处五谷丰登、瓜果飘香,广大农民共庆丰年、分享喜悦。中国农民丰收节选在秋分日举行,主要基于以下三点:从节气上看,春种秋收,春华秋实,秋分时节硕果累累,最能体现丰收,稻谷飘香、蟹肥菊黄、踏秋赏景正是大好时节。从区域上看,我国地域辽阔、物产丰富,各地收获的时节有所不同,但多数地方都在秋季,秋收作物是大头。把秋分定为"中国农民丰收节"兼顾南北方各地情况,便于城乡群众参与,利于展示农业的丰收成果,具有鲜明的农事特点。从民俗上看,我国有十几个少数民族有庆祝丰收的传统节日,大多在下半年,如畲族的丰收节、藏族的望果节。现在中国农民丰收节已经成为传承农耕文明的有效载体和创新舞台。

2022年的9月23日是第五个"中国农民丰收节",中共中央总书记、国家主席习近平代表党中央,向全国广大农民和工作在"三农"战线上的同志们致以节日的祝贺和诚挚的慰问,并强调指出,各级党委和政府要深入贯彻党中央关于"三农"工作的大政方针和

江苏省领导视察黄桥烧饼展销现场

决策部署,强化粮食安全保障,稳住农业基本盘,巩固拓展好脱贫攻坚成果,扎实推进乡村振兴,推动实现农村更富裕、生活更幸福、乡村更美丽。全国广大农民要积极投身加快农业农村现代化的实践,让日子越过越红火,生活更上一层楼!

黄桥烧饼

黄桥烧饼与产业发展

2022年是党的二十大召开之年，是乡村振兴全面展开的关键之年，是进入全面建设社会主义现代化国家、向第二个百年奋斗目标进军新征程的重要一年。2022年的丰收节，江苏省委、省政府紧紧围绕国家层面"庆丰收 迎盛会"的主题，确定了"庆丰收同心共富 迎盛会齐向未来"的省级活动主题。

金秋飒爽，时和年丰。9月23日上午，2022年中国农民丰收节江苏省主场活动开幕式在泰兴市黄桥镇祁巷村隆重举行。省委副书记邓修明出席并宣布活动开幕，副省长马欣出席并致辞。本次省主场活动尽显苏中特色、泰州元素、泰兴气质。活动通过歌舞、音乐剧、情景剧等艺术形式，礼赞辛勤耕耘的农民，展现我省乡村振兴丰硕成果，展示农业强、农村美、农民富的美好画卷。

活动现场，花鼓、舞龙、踩高跷、荡花船、果蔬人偶互动等各项活动让人目不暇接……红狮子在热闹的锣鼓声中，尽情展现它们的威猛刚劲，表达了人民丰收后的喜悦之情。会场主舞台设在祁巷村头，道路两侧是一个个农副产品展示摊点。"半亩方塘·文旅助农"市集上，96个专柜集中展示泰州地理标志农产品，泰兴小杂粮、泰兴花生、江沙蟹等一大批传统农

黄桥烧饼展销3

产品一一展现。在泰兴香荷芋种植基地，劳动能手正忙着采挖、搬运、分拣香荷芋，在田头蒸煮口感细腻、营养丰富的香荷芋。"开心农场"里，来自幼儿园的小朋友们正在老师和家长的帮助下体验荞麦移栽，挖土、栽种、浇水……小小种植能手们忙得不亦乐乎。

顾林忠大师烤烧饼

在"乡野食趣·寻味祁巷美食品鉴活动"现场，善予食品、曲霞汤包、宣堡小馄饨、祁巷八大碗、黄桥烧饼……各色地产特色美食香味扑鼻，让人流连忘返。尤其是黄桥烧饼品鉴区更加引人注目，现场制作烘烤的桶炉饼、小烧饼、摊烧饼香气扑鼻，引来了游客的竞相品尝，赞不绝口；泰州市乡土人才、黄桥烧饼技术培训中心董事长顾林忠，亲自烤制各种口味的桶炉饼，展示黄桥烧饼的传统产品和制作工艺，让游客一饱口福；祁巷小南湖农家乐的老奶奶们，用铁锅和草炉现场摊烧饼、涨烧饼；伟群黄桥烧饼科技开发有限公司董事长何春伟与他的同事们一道，现场制作烘烤小烧饼，展示其8种创新产品；江苏省乡土人才、江苏省非遗传承人、江苏天勇黄桥烧饼文化发展有限公司董事长张天勇和他的徒弟们，现场演示黄桥烧饼的每一个制作工序，传授黄桥烧饼制作技艺；美佳怡食品公司董事长何兴和夫人雷珊珊在现场直播带货。黄桥烧饼创新产品展示区，来自黄桥烧饼协会的10家会员单位，展示了各自的黄桥烧饼创新产品，牛肉、咸肉、鸡丁、肉脯、虾仁、蟹黄、三丁、火腿、萝卜丝、豆沙、水果、梅干菜、龙虎斗、南瓜、黑芝麻、豆沙蛋黄等48个创新产品，琳琅满目，令人大开眼界；尤其是五仁、银杏、抹茶、猴头菇、素肉松等养生保健品种，更是受到了参观者的青睐和称赞。

此次丰收节上，金黄色的黄桥烧饼与金秋农民的丰硕成果互融互映，

张天勇大师现场表演

黄桥烧饼的香气与田野的新鲜气息交融在一起。黄桥烧饼传统产品的现场制作、创新产品的品鉴展示、制作工艺的现场演示等活动，进一步丰富和充实了节庆气氛，突出了"中华第一饼"在节庆活动中的亮丽风景，使黄桥烧饼永远飘香于中国农民丰收节。

【作者简介】

何健，黄桥烧饼协会会长。

黄桥烧饼，香飘中国

——记中国（江苏）国际餐饮博览会中的黄桥烧饼

◎ 朱昌进

中国（江苏）国际餐饮博览会（简称"餐博会"）是江苏省商务厅重点支持、省餐饮行业协会主办的餐饮全产业链展会。它在促消费惠民生、推动餐饮产业化、数字化、绿色发展转型升级等方面搭建了很好的平台。餐博会得到世界中餐业联合会、有关省（市、区）政府及商务主管部门高度关注；得到中共江苏省委宣传部、统战部，省侨联，省总工会，团省委，省农业农村厅、人社厅、文旅厅和省市场监督管理局等部门的关心与指导；得到省内各地商务局、有关科研院校、各地餐饮行业组织的大力支持；得到社会各界的积极参与和共同配合。历届餐博会以主题展览、行业峰会、技能竞赛、消费促进、美食展演、产业交流等为主要载体。2020年第十届餐博会在南京国际展览中心举办，这届展会被列入《江苏省商务厅2020年江苏省贸易促进计划》，展会面积23 000平方米，3000多家企业参展参会参赛。展会吸引了美国、俄罗斯、韩国、澳大利亚、荷兰、尼日利亚等20多个国家和地区中餐行业组织，长三角一市三省30多个城市餐饮行业协会组团观摩，注册专业买家达12 000多人。线上平台浏览量达200多万人次，意向性交易额超20亿元。餐博会对江苏省餐饮产业链对接、供应链融合、服务链延展和价值链提升产生积极影响，发挥了重要作用。

黄桥烧饼

黄桥烧饼与产业发展

那么，黄桥烧饼又是怎样香飘餐博会的呢？具有千年历史的黄桥烧饼是江苏省泰兴市地方传统小吃，而它更得名于1940年10月著名的黄桥决战。黄桥当地群众冒着敌人的炮火把烧饼送到前线阵地，谱写了一曲军爱民、民拥军的壮丽凯歌，黄桥烧饼曾被选入开国大典国宴。改革开放以来，它得到了长足的发展，2003年获"中华名小吃"称号，2004年获"江苏食品博览会金奖"，2013年注册为中国"地理标志证明商标"。在当地政府和泰兴市餐饮行业协会、黄桥烧饼协会组织推动下，为更好宣传黄桥烧饼品牌，促进产业发展，从2013年到2022年，连续十年参加中国（江苏）国际餐饮博览会。让我们看一看，在这样一个大的平台上，黄桥烧饼是怎样香飘餐博会的：

2013年参加第三届餐博会，被组委会评为"天下第一饼"，万人免费品尝黄桥烧饼；

2014年参加第四届餐博会，获"江苏饮食文化传承基地"证书；

2015年参加第五届餐博会之世界中餐领袖峰会，在"洋眼看江苏"活动中，举办黄桥烧饼专场推介会；

2016年参加第六届餐博会，获"优秀组织奖"，并获"中华第一饼"称号；

2017年参加第七届餐博会，举办特色活动，扫二维码品尝黄桥烧饼，让全国各地食客免费品尝黄桥烧饼，了解黄桥烧饼的历史文化；

2018年参加第八届餐博会，黄桥烧饼制作人、江苏美食工匠张天勇被授予"江苏省餐饮行业协会改革开放40年功勋人物"；

2019年参加第九届餐博会，黄桥烧饼有4家企业被授予"中国地标美食"（泰州篇）、"江苏十大面条小吃代表性企业"荣誉称号，张天勇成为"江苏老字号非遗美食守护者"；

2020年参加第十届餐博会，张天勇现场展演制作技艺，被评为"黄桥烧饼制作技艺代言人"，黄桥镇技术培训中心被授予"黄桥烧饼品牌企业"；

2021年、2022年参加第十一、十二届（线上）餐博会，黄桥宾馆被评为"优秀参展商","天勇牌黄桥烧饼"被列入《江苏省地标美食记忆名录》。

在中国(江苏)国际餐饮博览会这个美食盛典上,黄桥烧饼更香更美了。截至2021年,黄桥烧饼遍布全国300个城市近千家实体店,人们可以在各地吃到现烤的黄桥烧饼,年销售额达5亿元。

第五届餐博会

第六届餐博会

第八届餐博会

第九届餐博会

第十届餐博会

【作者简介】

朱昌进,江苏省餐饮行业协会特邀副会长,江苏省餐饮行业协会饮食文化委员会第三届、第四届主席,江苏省黄桥烧饼研究院院长。

多措并举抓培训,提高技能强产业

黄桥烧饼特有的地产原料和考究的制作工艺,造就了它的独特风味,深受人们喜爱。烧饼好吃,制作不易。制作一个合格的黄桥烧饼,八套工序缺一不可,并且每套工序都有其严格要求。为保证黄桥烧饼口感质量,保持烧饼特色,维护品牌形象,黄桥烧饼协会(本文简称"协会")专门修订了黄桥烧饼制作技艺地方标准,编制了《黄桥烧饼制作专项能力考核规范》技术规程,并多措并举加强对产业工人的培训。近10年,培训总人数达3000人,对推动黄桥烧饼产品质量提升和品种不断创新发挥了重要作用。

一 委托机构培训

借助专业培训学校的师资力量和成熟的培训办班经验,协会委托泰兴市东进职业培训学校开展黄桥烧饼制作技艺培训,共建黄桥烧饼"五包"培训基地。2018年以来,已开办黄桥烧饼制作技术培训班10个班次,培训学员520人次,其中获专项能力证书的418人。

委托机构培训

二　深入农村培训

充分利用泰兴市职业农民培训教育平台,组织黄桥烧饼名师工作室的大师跟随农民举办培训班,开展黄桥烧饼制作培训,每年都举办一期黄桥烧饼技能专训班,巡回各乡镇传授黄桥烧饼制作技艺并讲授黄桥烧饼发展传承历史。近10年来,全市17个乡镇(街道)已有10个乡镇接受了培训,参训人员达1200多人。

重点群体人员培训

就业扶贫培训

三 开展线上培训

三年新冠疫情既给线下黄桥烧饼办班培训带来严峻挑战,也为创新利用线上培训创造了机会,黄桥烧饼协会采取"线下+线上"培训相结合的形式进行培训。为保证线上培训效果,协会专题拍摄黄桥烧饼制作技艺电教片,同时安排烧饼大师进行线上讲授,达到了预期的培训效果。

四 注重基地培训

走进校园培训

为策应黄桥烧饼产业发展,黄桥镇在黄桥经济开发区内专门建设了黄桥烧饼产业园,园内的黄桥烧饼技术培训中心,占地近 10 000 平方米,是集黄桥烧饼制作生产和技术培训于一体的综合基地。黄桥烧饼协会主动牵头,培训基地具体实施,从理论和实践操作上把黄桥烧饼制作技巧和基本要领传授给学员。2020年以来,从基地培训走出去的学员已有300多人。

五 协同部门培训

加强与泰兴市人社局、工会和残联等部门的合作,组织对失业人员、残疾人员和贫困人员分类开展免费培训,由烧饼大师亲授技艺,企业优先安排就业,助力特殊帮扶对象创业就业,经过部门联动一批"三员"人员走上了创业致富之路。

积极有效的技能培训,让更多人掌握了黄桥烧饼制作技能,熟悉一些

黄桥烧饼

黄桥烧饼与产业发展

特殊人群培训

基础的开办门店的经营管理知识，也极大地提升了黄桥烧饼产品质量，推动了黄桥烧饼制作这一非物质文化遗产传统文化产业的健康发展。截至2022年，遍布全国各地的黄桥烧饼经营实体店已超过千家，行业从业人员逾万人，黄桥烧饼产业成为名副其实的富民产业。黄桥烧饼协会将在共同富裕的道路上，继续组织好技能培训，把黄桥烧饼这一非遗文化和乡土技艺发扬光大，为中国式现代化黄桥新蓝图添砖加瓦。

农村职业技能培训

院校交流剪影

第二届海峡两岸大学生包装设计 Workshop 活动
——黄桥烧饼包装设计

2016年7月10—19日,合肥学院与台湾云林科技大学、台湾铭传大学共同举办了第二届海峡两岸大学生文化创意设计 Workshop 活动。该活动始办于2015年,目的是加强海峡两岸学术交流、促进海峡两岸友好往来。此次活动的主体是黄桥烧饼、黄桥香酥肉干等特色产品的包装设计和形象设计。7月11日上午,合肥学院艺术设计系主任谢海涛教授、黄书铭教授,台湾云林科技大学郑月秀教授,台湾铭传大学林建华教授、方菁容教授率领

合肥学院领导上台致辞

师生 56 人赴黄桥举行启动仪式和实地考察活动。11 日下午在江苏泰兴黄桥镇政府六楼会议室举行了启动仪式，台湾铭传大学林建华教授和合肥学院艺术设计系谢海涛主任讲话。启动仪式后，在黄桥烧饼协会何健会长带领下，师生们考察了江苏天勇黄桥烧饼文化发展有限公司和江苏益民肉制品有限公司两家企业，观摩了黄桥烧饼和黄桥香酥肉干的制作工艺全过程，两家企业负责人分别介绍了特色产品的文化内涵和产品特色。11 日下午，师生们参观了黄桥古镇后返程。

  7 月 16 日上午，何健会长组团赴合肥学院对接了项目设计结果，各项目设计组分别汇报了设计方案和设计理念。

  7 月 18 日，在合肥学院图书馆报告厅举办了第二届海峡两岸大学生包装设计 Workshop 作品陈述汇报暨闭幕式。活动由合肥学院艺术设计系主任谢海涛主持。设计作品陈述汇报阶段，各项目设计组的指导老师和同学们依次上台对所设计方案阐述了设计理念。精彩的设计作品，赢得了现场观众的一致好评。一件件精美的作品不仅展现了当代"90 后"大学生独特的创新思维，更折射出了两岸文化在艺术设计上的共通与融合。闭幕式上，台湾铭传大学的方菁容教授代表台湾师生讲话，她回顾了活动期间海峡师生设计产品的幸福时光，表示了能够参加海峡两岸包装设计 Workshop 非常荣幸，也希望 Workshop 项目能增进海峡两岸青年的友谊，增进海峡两岸的

海峡两岸大学生包装设计 Workshop 活动合影

文创交流。合肥学院党委书记蔡敬民在会上指出,合肥学院作为应用型高校,一直致力于培养应用型人才。海峡两岸包装设计 Workshop 办得很好,坚持了应用型人才培养的教学理念,符合学院的办学特色。这次活动不仅呈现了一批非常优秀的设计作品,更是海峡两岸设计文化的交流,希望这样的交流能够持续加强。

此次海峡两岸包装设计 Workshop 设计活动虽然只有 10 天,准备时间却历时数月。活动期间,两岸师生透过前期的企业调研,中期的方案设计和后期的设计实品制作,最终,在各组团队的共同努力下,设计作品得到了企业的高度认可,圆满完成此次活动的预期目标。

(安徽合肥学院艺术设计系供稿)

小城镇,大发展,共筑中国梦

中外学生实践寻访黄桥服务活动

在中国特色社会主义建设化进程中,江苏作为中国文化大省和经济最发达的地区之一,在城镇化建设中发挥了一定的作用。南京理工大学等学校的中外学生实践寻访服务活动走进古镇黄桥。

为了让学生在实践寻访活动中走向社会、接触社会、了解社会,感受江苏经济社会发展取得的巨大成就,树立"劳动创造财富,奋斗成就人生"的价值观念,南京理工大学国际教育学院在 7 月暑期组织 10 余名外国学生和近 20 名中方学生围绕"小城镇,大发展,共筑中国梦"这一主题,赴泰州地区开展实践寻访服务活动,重点考察了泰兴黄桥文化建设、新农村建设、革命传统教育及黄桥烧饼制作学习等现场教学点,通过实地调研,让学生切身实地地接触、了解,感受泰兴黄桥经济社会文化发展。

黄桥烧饼

黄桥烧饼与产业发展

重温峥嵘岁月

第一站：前往黄桥新四军纪念馆参观，感受红色文化与黄桥战役。

1940年，陈毅、粟裕率领新四军将士在此打响了著名的黄桥战役，黄桥战役的胜利狠狠地打击了国民党顽固派的嚣张气焰，实现了新四军与八路军的胜利会师，奠定了苏北抗日民主根据地的基础，打开了华中抗战的新局面。通过参观追寻革命先辈的足迹，聆听讲解员详细生动的讲述，成员们接受了一次深刻的爱国主义教育，更加了解了中国这段红色历史，坚定了理想信念。实践团学员表示会更加珍惜当今这个和平年代的幸福生活，为社会发展和中国梦实现贡献力量。

体验古镇黄桥烧饼制作文化

第二站：前往江苏天勇黄桥烧饼文化发展有限公司参观，进行烧饼的制作，体验非物质文化遗产的传统工艺。

江苏省非物质文化遗产"黄桥烧饼制作技艺"的传承人张天勇来到现场，为大家讲解黄桥烧饼的制作方法和每道工序的注意点，指导同学们如何制作烧饼。实践团每位成员认真学习，从揉面、饧面、擀皮、包馅、裹芝麻到烤制，一步一步做得井井有条，制作完成后大家品味着烧饼的酥脆，感受非物质文化遗产的魅力，仿佛又回到了那个军爱民、民拥军的战争年代。

南京工业职业技术大学的学生考察学习黄桥烧饼制作工艺

南京工业职业技术大学学生黄桥留影

随后实践团来到裕泰和茶庄，节俭勤劳是裕泰和人自上而下的宝贵品质，经营了80多年的黄桥裕泰和茶叶店已在人们的视野中渐渐淡去，而裕泰和的诸多逸事善举尚在黄桥人中口口相传，其"富裕开泰，和气生财"的理念更是在黄桥得到传承和光大。

常熟理工学院社会实践团体验学习黄桥烧饼（2022年8月4日）

黄桥烧饼

黄桥烧饼与产业发展

南京理工大学紫金学院学生走访黄桥、制作烧饼

（南京工业职业技术大学、南京理工大学等供稿）

寻味黄桥烧饼，传承红色基因

——记当代大学生的探索与实践

◎吕 慧

黄桥烧饼，扬名于 80 年前的黄桥决战，产生于江苏省泰兴市黄桥镇，被誉为"中华第一饼"。黄桥烧饼色泽金黄、外观美观、香酥可口、不油不腻，适合各地消费者的口味。作为江苏省的著名小吃，黄桥烧饼被列入国宴的点心行列，2003 年荣获"中华名小吃"

团队成员参观新四军黄桥战役纪念馆后留影

的称号，2004 年获"江苏食品博览会金奖"，2005 年被评为泰州市名牌产品，是江苏特色小吃之一，2009 年"黄桥烧饼制作技艺"入选江苏省非物质文化遗产。如今，黄桥烧饼已孕育成年产值 4 亿元、从业人员达 2000 余人的产业。

传承黄桥烧饼是非遗传承人的伟大初心和永恒使命，南京旅游职业学院一行怀揣着传承非遗美食梦想的同学们组建食光记忆实践团队，对黄桥烧饼这个江苏省非物质文化遗产的美食进行一系列探索与创新。

黄桥烧饼

黄桥烧饼与产业发展

团队成员参观黄桥战役纪念馆

跟随时代的发展，同学们让黄桥烧饼搭上"互联网＋农业"的健康发展快车，打造"饼承新意，香飘万里"互联网＋实践项目，连续两年参加"建行杯"中国国际"互联网＋"大学生创新创业大赛。2022年参加了第十二届"挑战杯"江苏省大学生创业计划竞赛。与此同时，为传承和弘扬中华优秀传统饮食文化，关注和保护非物质文化遗产，项目团队两次奔赴江苏省泰州市黄桥镇，开展以"'寻味黄桥'中华美食文化的传承与创新"为主题的大学生暑期文化科技卫生"三下乡"社会实践活动，开启江苏非遗美食的探秘，寻找江苏非遗美食背后的文化故事，感受文化故事中饱含的文化内涵。

实践过程中，师生或是走访百年老店，探寻黄桥美食的制作流程；或是进行感官评定，分析黄桥美食的营养价值；或是搜集查阅资料，了解黄桥美食背后的文化故事；一起体会在历史演变中留存至今的中国味道，在饮食文化中感受文化自信。实践成果以系列食品研发的形式展现，不仅有烧饼的制作过程介绍、烧饼背后的文化故事，还有实践成员在寻访过程中的所感所想。

一　共寻红色足迹，传承红色基因

"十年征战几人回，又见同俦并马归。江淮河汉今谁属，红旗十月满天飞。"新四军黄桥战役纪念馆位于江苏省泰州市泰兴市黄桥镇。这里奠定了苏北抗日根据地的坚实基础，打开了华中抗战的新局面。实践团队踏着革命先烈的足迹，怀着崇敬的心情至黄桥战役纪念馆参观学习，追忆革命先烈的光荣历史，缅怀先烈的光辉业绩。

新四军黄桥战役纪念馆共有八个展厅，纪念馆将"中央决策、发展华中""挺进苏北、东进黄桥""立足黄桥、团结抗日"等七个部分串联起来，通过翔实的图文介绍以及高度还原的各个重要场景，完整展示了黄桥战役的全过程。这场以少胜多的战役为苏中苏北抗日根据地的创建奠定了坚实的基础，一举打开了华中抗战新局面。

团队成员在参观学习新四军黄桥战役纪念馆后有了更加深刻的感悟，"我们在黄桥战役纪念馆的参观中汲取历史的经验，明确前进的方向，从而更好地引导广大青年大学生们坚定理想信念，不忘初心、牢记使命。赓续红色基因，传承红色文化，弘扬爱国主义精神"。

二　共访匠人匠心，逐梦星辰大海

"华夏五千年的历史长河孕育了几千年的'食文化'，形形色色的菜品不仅记录着过去的口味与风貌，还记录着流传千古的轶闻趣事……"江苏省黄桥烧饼协会的何会长在访谈初始，便向我们介绍了黄桥烧饼的历史起源。

"对我而言，黄桥烧饼是美味、是文化、是情怀，更是每个黄桥人舌尖上的家乡记忆。作为一道传统名点，黄桥烧饼传承百年离不开每位'烧饼郎'的专心专注和接续坚守……"黄桥烧饼非遗传承人张天勇先生讲述黄桥烧饼传统制作工艺和创新发展的演变历程。

"斗争期间，我父亲的烧饼店与指挥部在一条街上对门。那时候苦啊！

黄桥烧饼

黄桥烧饼与产业发展

战士们没有东西吃,也就没有打仗的后勤保障,当时新四军在我父亲老家东边准备打突击,陈毅元帅就找上了我父亲,询问能不能做一些烧饼给战士们充饥。我父亲一口答应了下来,每天亲自做烧饼送到前线,从不假人之手……"烧饼大师后人刘忠庆先生谈起父辈因烧饼与陈毅元帅的革命友谊与情结。

"在黄桥战役的时候,黄桥烧饼可是有大大的功劳。有了黄桥烧饼,战士们不再挨饿,有了充沛的精力奔赴战场,黄桥烧饼已经不仅仅是简简单单饱腹充饥的食品,更是包含寄托了老百姓的期盼,希望战争胜利、从此和平。可以这样说,'没有黄桥烧饼,也就没有黄桥战役的胜利,没有黄桥战役也就不会有如此有名的黄桥烧饼',黄桥烧饼为战役做出了巨大奉献,是名副其实的支前烧饼啊!"黄桥历史文化研究会副会长丁正祺先生讲述黄桥决战时,黄桥烧饼成为支前食粮,为赢得战争的胜利做出了不可磨灭的贡献。

名师匠人访谈

此次访谈让团队成员深刻了解了黄桥烧饼的历史发展,明白要利用好国家各项利好政策,利用好互联网时代的新媒体平台,大胆探索创造性转化、创新性发展，让更多人感受到非遗之美。访谈结束，黄桥烧饼协会何会长对团队寄予希望，希望当代青年更多地关注非物质文化遗产，了解非遗故事，从而传承非遗文化。

此次访谈活动还运用抖音平台，进行了线上线下同步直播。

南京旅游职业学院实践考察

三 共话家国情怀，弘扬传统文化

为了丰富活动形式，团队成员在学习与传承非遗美食制作工艺的同时，还组织当地的中学生们开展了一次非遗美食文化的传承与创新研学活动。通过给同学们讲述黄桥烧饼在战争时期所做出的巨大贡献，让大家了解了这段非遗美食背后的感人故事，谱写了一曲军爱民、民拥军的壮丽凯歌，小小烧饼为黄桥决战的胜利立下了汗马功劳。

通过讲述传统饮食故事，从黄桥古镇的千年历史到黄桥战役的胜利事迹，从黄桥烧饼的成名故事到黄桥烧饼的创新改良制作，借助理论与实践有机融合，在场的每一位同学都听得津津有味、制作得其乐融融。在团队成员和同学们的亲自实践后，大家都表示制作这小小的烧饼并没有想象的那么简单，要想做好它更是需要长期的潜心操练与探索，这背后需要具有工匠精神的传承坚守与不懈努力，说起此次研学活动，同学们都表示收获颇丰。

团队成员向中小学生讲述传统饮食故事

"让学生传承这项技艺，也能让他们感受记忆深处的味道。随着年轻人的成长，他们以后会离开黄桥镇展翅高飞，真心希望他们能记住黄桥烧饼这个回家的路标。"张天勇大师在沉浸式黄桥烧饼传习活动中说道。

团队成员还组织当地中学生们开展了一堂非遗美食黄桥烧饼劳动教育主题课，为同学们介绍江苏本地的美食文化。师生们一同认真观看张天勇大师的制作示范，和面、发面、切肉弄馅、擀皮、装馅、刷糖油、撒芝麻、贴饼桶……开启亲手制作黄桥美食之旅。孩子们也在活动中，获得了劳动带来的快乐和成就感。

此次暑期社会实践，团队成员不仅仅是在探索美味，更重要的是近距离了解到饮食类非物质文化遗产背后的故事，其中蕴含的是一方乡土，更是一片匠心。通过这次活动，他们希望让更多人关注到非遗美食技艺的传承需要守初心、用真心、能创新。那不仅仅是简单地复刻、仿照，而是在保护中传承、在创新中发展，弘扬中华优秀传统文化，展示中华民族的独特精神标识。

四 共享非遗美食，同建美好生活

随着团队实践项目的不断推进与深入，团队成员带着"传承非遗美食"的初心，立志让黄桥烧饼重新焕发生机，开启了重塑烧饼产业链的探索之路。在院校、政府和行业协会的合作下，提出了"1＋2＋N"的模式，通过"小烧饼带动大产业"，通过提升黄桥烧饼的制作工艺，促进产业升级，更通过农业种植、食品加工、生产运输、设计包装和实体门店开设带动农业全产业链的发展，带动更多批次人口就业，让产业朝着健康、有序的方向良性发展，让老百姓忙起来、富起来，靠着一个小烧饼撬起"大产业"。

团队成员积极响应国家"三减"政策，在"互联网＋"项目实施的过程中，依托江苏省文化和旅游厅重点实验室，对烧饼制作工艺进行优化，推广食品安全和营养健康的理念，选用不易被人体吸收的糖醇替代蔗糖、果糖和麦芽糖等配料成分，从而实现减糖功效；进行了低盐馅心的改良，从而实现减盐功效；采用感官检验与正交试验相结合的方法进行基于橄榄油、植物基馅料等新工艺的研发，实现了减油功效，通过让烧饼馅心多样、大小适度，从而打造更受都市家庭、中青年消费者欢迎的美食。

如今，承载着非遗传承人初心使命的黄桥烧饼，已经从一个地方小吃，升级成为黄桥人引以为傲的"朝阳产业"。根植于乡土的山野美味，正释放出异乎寻

团队成员在张大师指导下学习做黄桥烧饼

黄桥烧饼

黄桥烧饼与产业发展

团队成员与参加活动的中小学生合影

常的吸引力和影响力，推动当地群众不断创造美好生活，走向共同富裕。

以黄桥烧饼为载体的"饼承新意，香飘万里"项目，在黄桥烧饼协会和黄桥镇政府的大力支持下，获得"建行杯"第七届中国国际"互联网＋"大学生创新创业大赛江苏省选拔赛暨第十届江苏省大学生创新创业大赛三等奖；团队也获得南京市大学生暑期文化科技卫生"三下乡"社会实践优秀团队称号。

南京旅游职业学院"'寻味黄桥'中华美食文化的传承与创新"实践团队一路追寻，一路探索。通过采取"互联网＋实践"的形式，传承非遗文化、宣传黄桥烧饼，助力黄桥烧饼产业发展，促进黄桥烧饼这个省级非物质文化遗产的传承与保护。他们在美食的千百种滋味中，感受到一段段鲜活的文化故事；在多次的参观和访谈中，重现了悠久的传承历程；在提笔写下实践感受时，领悟到非遗美食各自的独有魅力；在非遗美食的传承与创新中，努力塑造当代大学生应有的学识与品德。

【作者简介】

吕慧，南京旅游职业学院烹饪与营养学院副教授，食品营养专业硕士研究生。

江苏好礼　舒心相伴

◎ 韩巧风

为充分挖掘伴手礼产品背后的消费价值，打造江苏伴手礼名片，响应"江苏精品"品牌培育活动，助推疫情后江苏经济发展，努力让江苏特色伴手礼成为促进消费增长的新动能，2020年8月6日，江苏省消费者权益保

黄桥烧饼大礼包入选2020年江苏特色伴手礼

2020年江苏特色伴手礼现场评测会

护委员会（简称"江苏省消保委"）联合江苏省非遗保护协会、江苏省老字号企业协会开展2020年"江苏好礼 舒心相伴"江苏特色伴手礼现场评测活动。此次活动，全省有458家共644个产品申报参赛，其中老字号企业140家，非遗传承人及非遗项目177家。经初评筛选、专家复评，共有90款独具特色的伴手礼产品脱颖而出参展本次评测会。最后从90款独具特色的伴手礼产品中，甄选出60个产品入围2020年"江苏好礼 舒心相伴"江苏特色伴手礼名录。江苏天勇黄桥烧饼文化发展有限公司送展的"黄桥烧饼大礼包"入选。2021年11月1日，长三角消保委联盟举办"2021长三角特色伴手礼发布会暨展示活动"，正式发布100款"2021长三角特色伴手礼"，江苏有25款产品入选，其中包括"黄桥烧饼大礼包"。

【作者简介】

韩巧凤，任职于泰兴市市场监督管理局。

知识链接：礼盒中的黄桥烧饼加热食用方法

刚出炉的黄桥烧饼，饼形饱满，香气飘逸，色如蒸熟之蟹壳，诱人食欲。吃到嘴里先感到酥，一口咬下，毫不费力，入口即全部化开，边皮带脆，越嚼越香，吊起食欲，涎水渗出，色、香、味、形、触（酥感）均会充分体验，是酥脆香润的美味食品。

但是，黄桥烧饼冷凉后，口味就大不如烤热的烧饼了。所以，冷烧饼如何加热就是一道很重要的环节。因此，只要加热方法恰当，重加热后的烧饼与刚出炉的烧饼，其口感并无两样。具体介绍四种加热方法：

一　电烤箱加热

将冷凉的黄桥烧饼装入烤盘中，置于电烤箱内调至 280 ℃，加热 4～5 分钟即可，其效果与刚烤出的烧饼一样。

二　平底锅、炒菜铁锅加热

将冷凉的黄桥烧饼置于干净的平底锅或炒菜锅内，用文火干烙烧饼的两面，加热 1 分钟即可。

三　电饭煲加热

将冷凉的黄桥烧饼置于电饭煲内，按下加热键，至加热键自动断开即可。

四　微波炉加热

将冷烧饼放于瓷盘，置于微波炉内（勿用保鲜膜），调至中火位置，加热 20~30 秒即可（量多适当延长时间）；若冰冻烧饼，调至解冻位置，加热 3 分钟即可。

以上最好的加热方法是用家用电烤箱加热，烤出的烧饼酥香如初。用微波炉加热，若时间掌控不好，口感的酥性会降低。

江苏省黄桥烧饼研究院简介

江苏省黄桥烧饼研究院（简称"研究院"），是在江苏省餐饮行业协会领导下，在省餐协饮食文化委、泰兴市餐饮行业协会商会、黄桥镇党委政府和黄桥烧饼协会协同支持下，于 2020 年 10 月在泰兴市黄桥镇成立的。

黄桥烧饼研究院实训基地牌子

江苏省黄桥烧饼研究院牌子

研究院邀请省内知名专家学者，坚持本土文化发展方向，积极依靠黄桥烧饼协会，充分发挥技术骨干作用，广泛团结全省有志于黄桥烧饼文化研究与发展的人士，共同探讨黄桥烧饼的创新发展，提供技术支持，规范企业行为，出版发行专著专刊，推动行业交流和合作，促进黄桥烧饼更好发展。

江苏省黄桥烧饼研究院揭牌

《黄桥烧饼》编审工作会议

研究院由省餐饮行业协会于学荣会长担任名誉院长，下设专家委员会和院务委员会，分别由两位专业学识水平高、业务能力强的副院长兼任委员会主任，研究院日常办事机构设在黄桥烧饼协会秘书处。

2021年黄桥烧饼产业创新发展峰会

研究院将牢记初心使命，坚持党的领导，贯彻新思想，引领新征程，不断加强黄桥烧饼文化发展研究，为促进黄桥烧饼高质量发展而不懈努力。

黄桥烧饼产业发展研究暨《黄桥烧饼》编审工作会议

"黄桥烧饼师"获得省级劳务品牌文旅类第一名

黄桥烧饼是黄桥地区的特色传统小吃,是黄桥人民的地标美食和富民产业。它因1940年的一场黄桥战役而蜚声中外,一首唱响全国的《黄桥烧饼歌》、一篇全国中学语文课本中的《黄桥烧饼》散文和一部《黄桥决战》电影,更是让全国人民了解了黄桥烧饼的历史文化和丰富内涵。1949年,黄桥烧饼成为开国大典的国宴点心,受到了毛泽东主席的夸奖。在历次评比中,获得了"中华名小吃""中国名点""中国地域十大名小吃"等荣誉称号。"黄桥烧饼"商标被认定为国家"地理标志证明商标"和江苏省"著名商标"。

"黄桥烧饼师"被评为江苏省级劳务品牌

《江苏省劳务品牌风采录》封面

"黄桥烧饼师"获得省级劳务品牌文旅类第一名

"黄桥烧饼师"录入《江苏省劳务品牌风采录》第一卷第95~96页

黄桥烧饼协会一直以"弘扬历史文化、保护地标品牌、促进劳动就业、推动产业发展"为工作目标,紧扣"匠心树品牌、劳动创未来"主题,积极参与省级劳务品牌创建活动,推动了黄桥烧饼产业的高质量发展。

坚持树牢品牌信誉。协会坚持品牌的日常监管,常态化开展产品抽查,定期举办"黄桥烧饼质量评比"活动,参加了泰州市和江苏省"放心消费创建"活动,通过系列活动,促进了产品的质量提高和品牌的信誉提升。

坚持抓牢技能培训。定期举办"五包"培训、直播带货培训等各类技能培训,对大龄失业人员、贫困人员、残疾人员进行免费培训,帮助他们就业创业;经常赴部队食堂、省级机关食堂等单位和地区举办专场培训;通过定期举办"黄桥烧饼制作技能大赛",促进从业人员切磋技艺、提高技艺。

坚持培养领军人才。主动与人力资源和社会保障部门对接,建立乡土人才档案,目前已有各级面点师和乡土人才近两千人,其中省级乡土人才"三带"名人、高级乡村振兴技艺师、江苏食品工匠、黄桥烧饼制作技艺非

黄桥烧饼

黄桥烧饼与产业发展

江苏省级劳务品牌线上评审会现场

遗传承人等高级人才近百人;依托人才制订了《黄桥烧饼制作技艺标准》,向国家职业技能鉴定中心备案了《黄桥烧饼制作职业能力考核规范》;建有乡土人才大师工作室和非遗技艺传承工作室,常态化开展技术观摩交流。

坚持做大产业蛋糕。大力培植规模企业,在省级黄桥经济开发区内,规划建设占地150亩的黄桥烧饼产业园,已有三家企业入园兴业;积极培植骨干企业,目前已培育骨干企业15家,其中4家被定为省级代表性企业和省级非遗美食传承基地。

坚持强化宣传推介。组织参加了江苏省食品博览会、中国(江苏)国际餐饮博览会、江苏名特优农产品(上海)交易会、中国美食节、

"黄桥烧饼师"参加2022年度省级劳务品牌评审

泰兴市融媒体中心　　2022-11-23 17:58

11月23日上午,为加强全省劳务品牌建设,培育选树一批"叫得响、拿得出、吃得开"的劳务品牌,2022年度省级劳务品牌评审会召开,通过视频连线的方式,对全省4大类64家单位进行劳务品牌评审。"黄桥烧饼师"参评文化旅游类劳务品牌评审。

江苏省级劳务品牌线上评审材料

全国创业就业服务展示交流活动等各类展示展演展销活动；已举办了五届"中国·黄桥烧饼节"，受到了《新华日报》、《扬子晚报》、人民网等新闻媒体争相报道，多次登上了中央电视台一、二、七、十等频道；制作了《黄桥烧饼》专题片，委托美食杂志社出版了《黄桥烧饼》专刊，目前正在加紧编纂出版《黄桥烧饼》专著。

2022年11月23日，由江苏省人力资源和社会保障厅组织的2022年度省级劳务品牌评审会上，"黄桥烧饼师"劳务品牌受到了评委的一致好评，取得了文化旅游类评审第一名。

省级劳务品牌的成功创建，有利于培养行业内的技能人才，为产业发展提供人力资源支撑；有利于开展行业内企业间的劳务协作，提高从业人员队伍的长期稳定和从业规模；有利于增加从业人员收入，推动乡村振兴建设；有利于强化诚信意识，提升品牌信誉，推动产业健康发展。把创建"国家级劳务品牌"作为新的目标，继续把黄桥烧饼做成"富民饼、文化饼、开放饼"。

跨江融合添机遇　结对共建促发展

◎ 徐界平

为认真做好"江苏味道"餐饮促消费活动，进一步提升烧饼传统技艺传承与保护，在江苏省餐饮行业协会的精心指导下，常州烹饪餐饮行业协会非遗老字号专委会与泰兴市黄桥烧饼协会结为友好联盟，共创常州麻糕和黄桥烧饼的高质量发展。此项活动的主题是"弘扬非遗文化　推进乡村振兴"。

2023年7月1日，常州市烹饪餐饮行业协会执行会长符学平一行专程来到黄桥镇，参加交流活动。江苏省餐饮行业协会荣誉会长吴长元，泰兴市餐饮行业协会会长王键，黄桥镇党委副书记丁春兵，泰兴市黄桥烧饼协会和部分企业家代表、知名人士参加活动。黄桥烧饼协会会长何健代表黄桥烧饼协会对符学平会长一行人员

常州麻糕与黄桥烧饼跨江共建产业联盟签约仪式

的到来表示热烈欢迎。

活动期间，两地协会负责人分别就常州麻糕和黄桥烧饼产业特色情况、管理先进经验、亮点品牌建设以及两地合作交流进行了深入探讨。与会代表围绕两地共建、资源互补等开展

黄桥烧饼与常州麻糕切磋技艺1

座谈交流，共谋合作良策，共商发展大计。并就合作共赢举行了两地协会结为产业联盟签字仪式。随后，符学平会长一行参观了黄桥烧饼骨干企业——黄桥烧饼技术培训中心，黄桥烧饼技术培训中心董事长顾林忠、黄桥烧饼制作技艺省非遗传承人张天勇与常州麻糕制作技艺省非遗传承人刘长山及弟子一道，举行了常州麻糕与黄桥烧饼制作技艺现场表演交流。

此次活动的开展，进一步推动常州麻糕与黄桥烧饼的跨江融合，进一步深化两协会的合作交流。常州市与泰兴市虽一江之隔，但双方都有一个共同的愿望，那就是促进了解、加强

黄桥烧饼与常州麻糕切磋技艺2

合作、共谋发展。未来，两行业协会的友谊、合作、交流、发展将写下崭新的篇章，将加强在产业项目、品牌保护、非遗传承和文化领域等方面的优势互补和交流合作，进一步落实好跨江融合的发展要求，共同推动两地特色产业高质量发展，共同开创常州麻糕与黄桥烧饼高质量发展的美好未来。

弘扬品牌文化　推进产业发展

——在首届中国烧饼文化节上的讲话（2023年4月28日）

◎ 何　健

尊敬的各位领导、专家：

今天，我们终于迎来了盼望已久的中国烧饼行业盛会。我们黄桥烧饼协会观摩团全体成员，怀着喜悦的心情，来到美丽的缙云，参加节日盛典。

黄桥镇位于长江下游北岸，隶属于江苏省泰州市泰兴市，面积176平方

何健会长在论坛上讲话

公里，总人口23万人，是江苏省规模最大的城镇之一，是全国重点镇、文明镇和生态镇，是中国历史文化名镇和全国特色景观旅游名镇。

黄桥烧饼已有一千多年历史，是江淮地区的传统美食之一。黄桥烧饼因1940年新四军的一场黄桥战役而闻名全国。1949年，黄桥烧饼成为开国大典的国宴点心。它的美味和美名，受到了毛泽东主席的夸奖和周恩来总理的青睐。

20世纪40年代的一首《黄桥烧饼歌》，70年代（全国中学语文课本中）的一篇《黄桥烧饼》散文，80年代（在全国公映）的一部《黄桥决战》电影，更是让全国人民了解了黄桥，了解了黄桥烧饼的历史文化。

黄桥烧饼因其地产原料品质独特、制作工艺十分考究，造就了"香酥之饼"的美名。多年来，黄桥烧饼人不断改进工艺和创新，使黄桥烧饼由单一的烤炉饼发展为如今的六大系列三十多个品种。

自20世纪50年代起，黄桥烧饼人就已走向大江南北开设黄桥烧饼店；目前，遍布全国30个省份100多个城市的黄桥烧饼实体店近千家，从业人数逾万人，年产值近8亿元。

全国烧饼文化论坛

为推进黄桥烧饼产业的高质量发展，2001年，成立了黄桥烧饼协会，确立了"弘扬品牌文化、规范行业管理、引导产业发展"的服务宗旨，取得了一定成效，主要体现在以下三个方面。

一 激活品牌效应，传播黄桥烧饼赫赫名气

为宣传黄桥烧饼品牌，展示黄桥烧饼产品，促进黄桥烧饼创新，我们连续12年组织参加了全国各类展示展演展销活动，受到了举办方的好评。

自2001年起，我们已成功举办了五届中国·黄桥烧饼节，达到了"以节会友、以节造势、以节促产、以节促销"的办节宗旨，受到了多家新闻媒体的争相报道，多次登上中央电视台多个频道。

黄桥烧饼是国家"地理标志证明商标"和江苏省"著名商标"，黄桥烧饼制作技艺被认定为"江苏省非物质文化遗产"。

近二十年来，黄桥烧饼先后获得了"中华名小吃""中国名点""江苏特色伴手礼""长三角特色伴手礼""江苏省级劳务品牌"等二十多项殊荣。

二 提升技艺质量，充盈黄桥烧饼勃勃生气

提高烧饼制作质量，保证烧饼品味品质。自2014年起，我们已成功举办了六次黄桥烧饼技能大赛，达到了交流经验、切磋技艺、鼓励创新、扩大影响的目的。

为增强烧饼质量意识，加大品牌保护力度，自2001年起，我们每两年举办一次质量评比活动，采取送审评比、随机抽查和现场制作评比等多种形式，在人大代表、政协委员的监督下，专家组和群众组共同评比打分，其评比结果通过媒体向社会公布，使评比活动更有现实意义。

为推行标准化制作生产，确保烤出的饼色、香、味、形、酥俱全，2010年制定了黄桥烧饼制作技艺行业标准；2018年又颁布了泰州市地方标准《黄桥烧饼制作技艺》（DB3212/T 2049-2018），达到了保持传统美食特色，保障制作技艺永续传承的目的。

三 创新制度规范,汇聚黄桥烧饼腾腾商气

为促进创业就业、推进技能扶贫、壮大从业队伍,2020 年泰州市职业技能鉴定中心编制的《"泰想吃"系列 专项职业能力考核规范》中就有"黄桥烧饼制作"的条目,黄桥烧饼协会向国家职业技能鉴定中心申报备案,"黄桥烧饼制作"被列入国家《专项职业能力考核规范汇编》。

为和谐劳动关系、维护行业秩序,2014 年,我们率先在行业内建立了工资集体协商制度,取得了显著效果(行业内的分配制度更加合理、劳动关系更趋稳定、行业秩序更好维护),受到了全国总工会和省总工会的表彰。

为让消费者吃上放心饼,2018 年起,我们在行业内开展了"诚信服务、放心消费"创建活动,建立了"放心消费示范街区",让社会参与监督烧饼质量。此项活动的开展,受到了江苏省和泰州市市场监管部门的表彰。

今天,我们黄桥烧饼协会一行二十人,既为参加盛典而来,更为产业发展求道而来。此次的缙云之行,我们深深地感受到缙云烧饼品牌文化的深蕴,感悟到我们工作中存在的差距。我们将趁节日之东风,进一步增强品牌文化效应信念,增强产业做大做强信心。坚持黄桥烧饼产品的优良品质不改变,

观摩团成员合影

坚持黄桥烧饼的历史文化品位不改变，坚持黄桥烧饼产业的市场品牌不改变。继续在饼业文化、产业规模、产品质量、品牌形象等方面下足功夫，挖掘潜力，推动黄桥烧饼产业高质量发展。力争用五年左右时间，达到全国实体店超1500家、年产饼量超5亿只、年销售额超10亿元的目标。

今天，我们满怀信心，怀揣诚意，带着任务而来。恳请各位领导专家，对黄桥烧饼产业发展工作多多指导和帮助；恳请中国烹饪协会领导将第二届中国烧饼节定在黄桥举办。诚邀各地富有地方特色的烧饼企业，到黄桥古镇开店兴业，共建中国烧饼一条街，共同发展烧饼产业、打造烧饼品牌、弘扬烧饼文化！诚邀各位领导专家们到黄桥，游黄桥古镇，品黄桥烧饼，听黄桥故事！

祝首届中国烧饼文化节圆满成功！谢谢大家！

评委评审黄桥烧饼

黄桥烧饼制作代表接受颁奖

在首届中国烧饼文化节上黄桥烧饼被评为"最佳风味特色金奖"

黄桥烧饼 誉满天下（荣誉榜）

1940年10月：新四军黄桥决战中，60多家烧饼店日夜赶制烧饼，车推担挑送往前线。

1940年10月：著名抗战作曲家章枚创作的《黄桥烧饼歌》在炮火中诞生。

1949年10月：入选开国大典国宴点心。

1952年4月：毛泽东主席盛赞"黄桥烧饼好出名的"。

1972年2月：时任美国总统尼克松先生访华时，入选周恩来总理亲自敲定的接待点心。

1978年9月：《黄桥烧饼》散文入选全国中学语文统编教材第三册和全国军事院校教材。

2003年12月：被中国烹饪协会评定为"中华名小吃"。

2004年12月：于第十届江苏食品博览会获"金奖"。

2009年6月：黄桥烧饼制作技艺获称"江苏省非物质文化遗产"。

2010年3月：被评为江苏省"消费者满意产品"。

2012年2月：于第十届江苏名特优农产品（上海）交易会获"畅销产品奖"。

2012年11月：被中国烹饪协会评定为"中国名点"。

2013年3月：被国家商标局注册为"地理标志证明商标"。

2013年10月：于第十四届中国美食节获"天下第一饼"称号。

2014年12月：于第八届江苏省农合社产品展销会获"最佳人气奖"。

2015年1月：被江苏省工商局评为"江苏农产品和地理标志20强"。

2016年12月：被江苏省工商局评定为江苏省"著名商标"。

2016年10月：于第六届中国（江苏）国际餐饮博览会获"中华第一饼"称号。

2017年12月：被中国烹饪协会评定为"中国地域（江苏）十大名小吃"。

2018年10月：被中国饭店协会评为"中国名点""中国名点名小吃50强"。

2019年7月：被江苏省知识产权局评为"我最喜欢的江苏商标品牌"。

2020年8月：被江苏省消保委评为"江苏特色伴手礼"。

2020年8月："黄桥烧饼大礼包"入选《江苏特色伴手礼名录》。

2021年9月：被第三届大运河文旅博览会列入"特色TOP必吃"。

2021年9月：被长三角消保委联盟评为"长三角特色伴手礼"。

2021年10月：入选《江苏省地标美食名录》。

2022年7月：被江苏省知识产权局评为"我最喜欢的江苏地理标志产品"。

2022年11月：被江苏省人力资源和社会保障厅定为"江苏省级劳务品牌"。

2023年4月：首届中国烧饼文化节上被评为"最佳风味特色金奖"。

黄桥烧饼美名扬　各大媒体争相报道

黄桥烧饼一战成名。长期以来,《金陵晚报》、《新华日报》、《中国工商报》、《中国劳动保障报》、《江苏经济报》、《扬子晚报》、《泰州日报》、《党史纵览》、《党史博采（纪实）》、《党史文苑》、《档案与建设》、《群众》、《铁军》、《食品安全导刊》、《中国老区建设》、《江苏地方志》、中央电视台、泰兴电视台、江苏电视台、江苏网等数十种报纸、期刊、电视、网络媒体先后对黄桥烧饼从不同角度进行了报道。

（以下为部分媒体报道摘要）

《黄桥烧饼歌》唱遍江苏

抗战时期，真正在江苏传唱最广最火的歌，则是一首带有江南饮食风味的《黄桥烧饼歌》。……这首歌是由著名抗战作曲家章枚所作。20世纪80年代后期，章枚携夫人重回江苏，当时他已经成了民族音乐研究所的研究员，夫人则是北京音协副会长。他们在江苏的行程就是由高行素接待的，在他们的要求下，高行素带他们重游黄桥。在黄桥镇，再次拿起黄酥酥、香喷喷的烧饼，章枚感慨万千，回忆创作《黄桥烧饼歌》时，是与几个文工团女团员一起在黄桥镇上一个小店铺吃烧饼、喝豆浆，他们看到群众如

黄桥烧饼

黄桥烧饼与产业发展

火如荼的拥军支前热潮，十分感动！一边喝着豆浆吃着烧饼，几个文工团女团员一边把歌词凑了出来，"黄桥烧饼黄又黄，黄黄烧饼慰劳忙。烧饼要用热火烤，军队要靠老百姓帮。同志们呀吃个饱，多打胜仗多缴枪！"餐毕，章枚立刻谱曲。《黄桥烧饼歌》就这样问世了。……

——《金陵晚报》2005年7月7日报道

酥香如故——不能忘却的黄桥烧饼

烧饼做得好吃的很多，但能把香与酥融合得如此齿颊留香的，须得数上黄桥烧饼。古代烧饼，制作精细。据《随园食单》载，烧饼的制作是"用松子仁、胡桃仁敲碎，加冰糖屑、脂油和面炙之"。黄桥烧饼则吸取了古代烧饼制作法，保持了"香甜两面黄""外撒芝麻内擦酥"这些传统特色，所用的面粉必须是中筋，强筋和弱筋却不宜制作；所用芝麻必须去皮，去皮的芝麻不得改变它的色泽与形状；一般有咸甜两种口味，讲究的做法是以上等肉松作为馅料，到如今，为了迎合更多人口味，发展到葱油、肉松、鸡丁、萝卜丝、香肠、白糖、桂花、细沙等十多个不同馅的精美品种。……

——《新华日报》2014年12月19日报道

黄桥烧饼的制作

黄桥人可谓是吃烧饼长大的。黄桥人有吃早点的习惯，且最爱吃、最常吃的是黄桥烧饼。因为它便宜、吃起来方便，至今仍流传着"三个烧饼一碗茶，肚子吃得饱呱呱"的俗语。黄桥人走亲访友，也会带上黄桥烧饼。中国现代地质学之父丁文江就是吃黄桥烧饼长大的。章力挥（京剧《智取威虎山》主笔）自幼酷嗜黄桥烧饼，不只是早晨吃，中午、晚上也吃，并说黄桥烧饼比山珍海味还可口。

——中央电视台第七套《农广天地》2013 年 10 月 15 日报道

"黄桥烧饼"获评江苏农产品和地理标志商标 20 强

日前,在江苏省第八届新华高峰会上,"黄桥烧饼"商标与"淮安大米""八卦洲芦蒿""洞庭山碧螺春""邳州大蒜""溧阳白芹"在内的 20 件江苏农产品及地理标志商标脱颖而出,跻身 2014 江苏农产品和地理标志 20 强。

——中国江苏网 2015 年 1 月 27 日报道

泰兴黄桥烧饼"一战成名"

1940 年初夏,陈毅、粟裕奉中央命令率部挺进苏北,与国民党顽固派展开了激烈斗争,这就是著名的黄桥战役。战斗打响期间,黄桥人民发动镇内 60 多家烧饼店、12 家磨坊日夜赶制黄桥烧饼,男女老幼,车推肩扛,支援前线六千将士,对取得黄桥战役的胜利起到了重要的作用。1949 年,黄桥烧饼被选入开国大典国宴。1952 年 4 月,毛泽东主席称赞"黄桥烧饼好出名的"。如今,黄桥烧饼已成为中国名点名小吃,也成了宣传黄桥战役、进行爱国主义教育的好载体,同时也成了当地百姓发家致富的好帮手。

——《扬子晚报》2014 年 3 月 5 日报道

泰兴黄桥:"烧饼节"扮靓旅游名片助推地方经济发展

12 月 30 日,历时 5 天的第四届中国·黄桥烧饼节圆满落下帷幕。

据悉,烧饼展销从 12 月 24 日至 28 日,展销摊位 98 个,每天光临人员在 1 万人以上，20 多个品种和特色的黄桥烧饼销售火爆，5 天销售总额达到 150 万元；黄桥旅游推介，带动了旅游业发展，旅游人数规模空前，平均每天游客都在 2 万人以上。……

据黄桥镇镇长王晓云介绍，自 2001 年举办第一届中国·黄桥烧饼节以来，规模越办越大，形式越办越活，已经成为弘扬黄桥决战精神、促进开放创新、提升对外形象、推动经济社会快速发展的重要活动，成为外界认识黄桥、了解黄桥的一个主要窗口。

…………

——新华网 2017 年 1 月 2 日报道

黄桥烧饼跻身名点名小吃 50 强

近日，中国饭店协会发布了"2018 中国美食百强榜"，包括中国名菜 50 强、中国名点名小吃 50 强。黄桥烧饼成功进入中国名点名小吃 50 强，这是泰州地区唯一入选"2018 中国美食百强榜"的名点。

"这是黄桥烧饼第三次获得'国字号'，第一次是 2003 年由黄桥宾馆参与评比，黄桥烧饼获得了'中华名小吃'称号，第二次是仁和楼的黄桥烧饼获得'中国地域十大名小吃'的称号。"泰兴市黄桥烧饼协会会长何健介绍，这些"国字号"为黄桥烧饼的推广和发展做出了重要贡献。着眼于保护和传承黄桥烧饼技艺，黄桥镇成立专门行业协会，制定统一生产标准。

目前，黄桥烧饼已发展为 5 大系列近 30 个品种，先后荣获江苏省博览会金奖、"中华名小吃"称号。据不完全统计，该市烧饼从业人员 3000 多人，遍布全国各地的黄桥烧饼店超过 500 家，黄桥烧饼年销售总额突破 3 亿元。

——《泰州日报》2018 年 12 月 5 日报道

黄桥烧饼入选"江苏地理标志 30 强"

近日，"苏地优品——2022 我最喜爱的江苏地理标志产品"公益调查活动评选结果出炉，我市黄桥烧饼入选"江苏地理标志30强"。

……在专家、市民代表的见证下，活动方从400多个江苏地理标志产品中，精选出60个最具江苏特色和代表性的产品参与角逐。投票开启引发大量关注，超10万人参与投票。

…………

黄桥烧饼制作技艺已有几百年的历史，经多年演变，黄桥烧饼口味多、老少皆宜。在制作上，黄桥烧饼吸取了古代烧饼制作法，成为一种半干式面点，保持了香甜两面黄、外撒芝麻内擦酥这一传统特色，并在花色品种上不断改进，已从一般的"擦酥饼""麻饼""脆烧饼"等大路品种，发展到葱油、肉松、鸡丁、香肠、白糖、桂花、细沙等十多个不同馅的精美品种，烧饼出炉，色呈蟹壳红，不焦不糊、不油不腻，形色香味俱佳，成为现代人喜爱的点心。2012年，经国家工商行政管理总局商标局认定，"黄桥烧饼"荣获中国国家地理标志证明商标。

——《泰兴日报》2023年2月8日报道

黄桥烧饼参展 2023 中国（南京）国际预制菜产业博览会

◎ 季天舒

4月17日，2023中国（南京）国际预制菜产业博览会暨世界预制菜产业大会在南京国际展览中心开幕。泰兴市黄桥烧饼参加展出，吸引了众多食客。

黄桥烧饼在博览会展出

黄桥烧饼展柜旁，闻香寻味而来的游客络绎不绝，品尝完新鲜出炉的黄桥烧饼后，大家都会买上几份，带回去给家人朋友享用。

世界中餐业联合会邢会长视察为群黄桥烧饼制作现场

黄桥烧饼是中华名小吃、中国地理标志产品。近年来，随着黄桥烧饼产业的快速发展，知名度也越来越高。

在博览会上现场烤黄桥烧饼

黄桥烧饼荣获"百道春令菜"

江苏省餐饮行业协会荣誉会长、江苏省黄桥烧饼研究院院长朱昌进说："黄桥烧饼连续10年参加我们中国（江苏）国际餐饮博览会，通过这种会议和研究院的建立，有力地助推了黄桥烧饼健康有序的发展。"

2023年黄桥祁巷民俗文化节

黄桥涨烧饼制作技艺大赛

为弘扬地方传统民俗文化，彰显古镇地方特色，促进黄桥旅游发展，9月29日上午，2023年黄桥涨烧饼制作技艺大赛在黄桥镇祁巷村小南湖景区草坪广场举行，来自黄桥镇祁巷村及周边的100多名村民选手参加竞赛。本次大赛由江苏黄桥文化旅游发展有限公司、黄桥烧饼协会主办，泰兴市黄桥南湖旅游开发有限公司、黄桥镇祁巷村村民委员会承办。

参赛的涨烧饼有100多个，分别来自祁巷村及周边的村民按照传统工艺亲手制作，2023年黄桥涨烧饼制作技艺评委由全国饮食专家、南京旅游职业学院教授邵万宽，中国烹饪大师、国家中式烹调高级技师、泰兴市餐饮行业协会名厨专业委员会副主任委员吴斌，泰州海棠春餐饮有限公司董事长、总经理袁海峻，黄桥烧饼协会执行会长兼秘书长刘建忠等组成。评委分别从外观形状、酵饼大小、表层色泽、发酵程度、烤制成熟度诸方面进行评判。按照地方特色和食用口感的要求，在制作中，若文火慢煎，煎制时间长，饼面表层厚，可适当加分。

评委对涨烧饼进行评判等级分类

比赛由黄桥烧饼协会制定涨烧饼制作标准、评比标准和比赛规则，将评出特等奖 1 名，一等奖 1 名，二等奖 2 名，三等奖 3 名，参与奖若干名，分别给予丰厚的奖金。

黄桥涨烧饼又名酵烧饼，几百年来，一直是黄桥地区人们欢度中秋佳节的一种应时传统食品。起初，涨烧饼只是一种很普通的面点，经过人们的不断改进，才逐渐演变成现在的独特口味和制作工艺。涨烧饼用发酵面制作，外形扁平，呈铁盘形，直径约 30 厘米，中间凸起有 10 厘米，两边厚度 5 厘米左右，外表金黄灿灿，双面都撒满了芝麻，因此得名"涨烧饼"。八月十五晚上，黄桥镇家家户户用月饼、涨烧饼、水果之类供月祈福，因为涨烧饼色泽金黄，又圆又大，好似一轮满月，所以人们用圆圆的涨烧饼来祝愿阖家团圆，传达美好的生活向往。

黄桥烧饼协会会长何健表示，黄桥涨烧饼是我们泰兴地区的特色，中秋佳节之时，黄桥人更喜爱食用涨烧饼。在节日期间，组织黄桥百姓进行涨烧饼比赛，更能激起广大人民对传统文化的兴趣，让更多的年轻人了解涨烧饼的历史，增强拥军爱民的意识和爱家乡的自豪感。

黄桥烧饼

黄桥烧饼与产业发展

评委对各个涨烧饼切开评判

评委查看涨烧饼的成熟度

世界最大的黄桥涨烧饼获基尼斯世界纪录

2023年9月29日中秋节，在"中国·黄桥·祁巷民俗文化节"的晚会上，黄桥镇祁巷村诞生了一项新的世界纪录，由祁巷村小南湖农家乐餐馆制作的涨烧饼，直径86厘米、厚度36厘米，成为世界上最大的黄桥涨烧饼。此次世界纪录由上海大世界基尼斯总部负责人高文现场认证，由工作人员查民华颁发《大世界基尼斯之最·中国最大的黄桥涨烧饼》证书。此时，上海大世界基尼斯世界纪录——中国最大的黄桥涨烧饼宣告诞生。

大世界基尼斯的徽标

大世界基尼斯最大涨烧饼证书

上海大世界基尼斯纪录现场认证官查民华(左)颁发证书

黄桥烧饼协会第五届理事会（2024—2028年）

一、江苏黄桥烧饼研究院有限公司

常务理事长单位，总部位于黄桥镇米巷21号，2023年10月创办，企业负责人彭政，注册商标"仲弘多珍"。

黄桥烧饼研究院有限公司

二、泰兴市黄桥烧饼技术培训中心

副理事长单位，总部位于黄桥经济开发区火车站北侧，1986年创办，企业负责人顾林忠，注册商标"为群"。

泰兴市黄桥烧饼技术培训中心

三、江苏天勇黄桥烧饼文化发展有限公司

副理事长单位，总部位于黄桥镇休闲广场C幢1111—1112室，2000年创办，企业负责人张天勇，注册商标"天勇"。

江苏天勇黄桥烧饼文化发展有限公司

四、江苏三六五七民间小吃发展有限公司

副理事长单位,总部位于泰兴市鼓楼西路 231 号,1897 年创办,企业负责人胡旭阳,注册商标"古仁和楼"。

仁和楼

五、泰兴市伟群食品科技有限公司

副理事长单位,总部位于黄桥镇溪桥社区华溪中路,2005 年创办,企业负责人何春伟,注册商标"伟群"。

泰兴市伟群食品科技有限公司

六、泰兴市黄桥宾馆

副理事长单位,总部位于黄桥镇致富中路,1967年创办,企业负责人李建,注册商标"饼丞相"。

黄桥宾馆

七、泰兴市巴巴乐黄桥烧饼技术发展中心

常务理事单位,总部位于分界镇分界八组192号,1999年创办,企业负责人叶峰,注册商标"巴巴乐"。

泰兴市巴巴乐黄桥烧饼技术发展中心

八、泰州新丝路食品有限公司

常务理事单位,总部位于黄桥镇永丰中路 80 号,2015 年创办,企业负责人李节约,注册商标"鑫恒良"。

泰州新丝路食品有限公司

九、泰兴市美佳怡食品有限公司

常务理事单位,总部位于黄桥经济开发区兴园路北侧,2009 年创办,企业负责人何兴,注册商标"何味贵"。

泰兴市美佳怡食品有限公司

十、泰兴市恒富国际大酒店有限公司

常务理事单位，总部位于黄桥镇新区东华村路，2019年创办，企业负责人孙小勇，烧饼品牌"恒富"牌。

泰兴市恒富国际大酒店有限公司

十一、江苏美味鲜食品有限公司

理事单位，总部位于黄桥镇十桥中路，1950年创办，企业负责人洪辉，注册商标"美味鲜"。

江苏美味鲜食品有限公司

十二、泰州市红五星食品有限公司

理事单位，总部位于泰州市凤凰街道振兴路南，1989创办，企业负责人刘亚华，注册商标"金三麻"。

泰州市红五星食品有限公司

十三、泰州市泰之缘商贸有限公司

理事单位，总部位于泰州市海陵区老街E2-22号，2009年创办，企业负责人陈小钧，注册商标"陈大帅"。

泰州市泰之缘商贸有限公司

十四、泰兴市天禾黄桥烧饼店

理事单位，总部位于泰兴市鼓楼中路仙鹤湾，2010年创办，企业负责人何春明，注册商标"天禾春"。

泰兴市天禾黄桥烧饼店

一个迭变升级中的黄桥

◎ 张建新

黄桥是一个千年古镇。沐浴新时代的春风,黄桥各行各业都在蓬勃生长,迭代升级,迅猛发展,让人感慨,黄桥变了。

黄桥新城全景图

黄桥自古就是一个经济重镇,亲商护商意识根植心底,近年来更加重视营商环境建设,提出"24小时不打烊""服务零距离""人人都是项目建设责任人"等等工作要求,亲和的政商关系、优质的服务态度成为常态。栽得梧桐树,引得凤凰来。长虹三杰、惠尔信、东圣食品等一批企业花落黄桥,并开枝散叶,产业链条不断被锻粗拉长。科技是第一生产力。黄桥尤其重视人才的引进和培养,支持科技投入和技术创新,培育了一批"雏鹰"企业、"瞪羚"企业、"独角兽"企业,长虹三杰的总经理杨清欣荣获

黄桥新城局部

"国家级科技创业领军人才"称号。随着一批科技型企业的成长和领军型人才的涌现,黄桥经济向着高质量发展目标铿锵迈进。黄桥传统产业在当地也是响当当的,乐器、纺织、叉车等产业比较成熟,黄桥用新发展理念,改造提升传统产业,围绕乐器产业发展,打造琴韵特色小镇,融合文旅产业,让老枝发新芽,焕发新的生机,助力传统产业向更高端方向发展。

黄桥中学、泰兴市第二人民医院、新四军黄桥战役纪念馆等一些重要功能设施都从老城区迁了出来,原有地块进行了功能整合。原来的新四军黄桥战役纪念馆恢复建设为一代地质大师丁文江纪念馆。在古镇功能疏解改造的过程中,黄桥把管网、杆线等都隐埋到地下,昔日杂乱无章的蜘蛛网都已不见,外墙立面重新进行整修改造,做到修旧如旧,在丁文江纪念馆和裕泰和茶庄东侧等一些重要节点处,寸土寸金的土地上,专门建设停车场,增设停车位,最令人欣慰的是在古镇更新改造中,把古街巷改建得更宜居宜业,原住户都留在了原居住地,保留了古街巷中的一些经营商户,古镇街巷充满了烟火人气。

老镇改建变得古朴典雅,新城建设更显现代大气,一排排现代化的高楼大厦整洁有序,沿路栽种了行道树,沿河打造成滨河廊道,围绕绿化美化的要求,在一些重要节点处建设了好多口袋小公园,把新城扮得更靓更美,让居民出门见景,可锻炼身体,可观花赏草,居民的幸福指数大幅提高,感受到新时代国家取得的巨大成就。

祁巷芋田

护城河

不仅是城市建设管理得好,这几年的农村也更加干净整洁,美丽宜居。黄桥在农村大力推进厕所革命,把旱厕和无遮挡厕所进行了改造拆除,家家户户室内都有厕所,公厕都改造成水冲式,并有专人打扫卫生,农村人如厕更加文明了,生活习惯也变得更好了。曾经农村生活垃圾乱堆乱放、生活污水乱倒乱排既是常态也是顽疾,往往难逃整治—回潮—再整治—再回潮的怪圈。黄桥抓住农村环境整治的契机,全镇整体推进,对生活垃圾采取统一收集、运转、处理的办法,做到当天垃圾当天清理,污水管网也铺到了家家户户,生活污水得到了有效处置。昔日垃圾靠风吹,污水靠太阳晒的场景一去不复返了。农村到处见缝栽绿,庭院、河道、路边都栽上了绿化树种,村村建起了休闲广场。农村人居环境的改善,推动了全镇整体环境的提档升级,已创建省级生态宜居美丽乡村6个,市级美丽宜居示范庄台6个。祁巷蝶变为"全国文明村""全国一村一品示范村""中国美丽休闲乡村",每年吸引几十万人到祁巷休闲打卡。

黄桥迭变升级最突出的算是旅游业,做了一篇精美绝伦的文章。古镇旅游是黄桥的一大特色,但过于零乱分散,周边环境与游客观光不相适应,景点内特色彰显不够,形不成体系。黄桥把握大势,抓住机遇,重新进行规划编制,把景点与景点间的联结、景点周边的环境、景点内的布局设计都做了规划调整,特别在丁文江纪念馆、何氏宗祠、裕泰和茶庄、中将府等景点,原样保留了一些旧建筑、老物件和文物古迹。现如今,古镇历史街区建设与历史文化景点建设融为一体,相互衬托,相得益彰,古镇厚重的历史文化得到充分彰显,时代记忆重焕光彩。

走进祁巷小南湖风景区,让人很难相信,这里曾经是闭塞、落后、贫穷的小村庄。祁巷把握住了时代的脉搏,追踪乡村振兴的前沿,用十年时间蜕变为一个集沉浸体验、自然观光、休闲度假、培训学习、康体疗养、儿童游乐于一体的休闲度假胜地,祁巷农家乐的"八大碗"被央视专门采访报道,更是吸引了不少游客前来打卡品尝。

黄桥烧饼既是具有地理标志的品牌产品,更是黄桥对外展示的一张靓

上海乐器展销会·黄桥展厅

丽名片,黄桥以烧饼为媒,举办黄桥烧饼节,展示黄桥烧饼的传统文化,吸引国内外朋友和商界名流关注支持黄桥,到黄桥投资兴业,奏响了"以节为媒,经济唱戏,文化传情,文旅融合"的协奏曲,为黄桥经济社会高质量发展注入了别样活力。

黄桥·祁巷小南湖

全国钓鱼大赛现场

黄桥迭变升级的同时，又迈上了中国式现代化黄桥新实践的新征程，在黄桥老区人民的努力下，一个产城旅高质量融合发展的新黄桥将会点燃你我更多的激情与期待。

黄桥琴湖

又唱《黄桥烧饼歌》二首

又唱《黄桥烧饼歌》（1）

张海 李宝泉 词
宁   昊 曲

1=F 4/4

（略慢 幽远地）

(5. - - - | 5 3 2 3.5 3 | 3 2 1 6 3 2. | 5 5 6 1 2 3 | 2 1 6 1 -
（童伴）黄桥 烧 饼黄 又 黄哎, 黄黄的烧 饼慰 劳忙

中速 激情地

6 5. 5 -) ‖ (0 3 5 6 i 7 6 5 | 6 5 6 4 3 2 1 - | 0 3 5 6 2 i 7 6
咏.

i. 7 6 2 3 5 - | 6. 5 7 6. 3 | 5 4 3 2 - | 2. 3 5 3 2 6 | 1 - - -)

3 3 2 1 7 6 6 5 0 | 5 5 3 3 2 1 2. 0 | 2 2 3 1 2 5 6 6 5 3
血还是那么浓, 情还是那么厚, 红色的土地飞彩虹,
心还是那么红, 意还是那么稠, 英雄的家乡举人旗,

0 2 2 2 1 6 6 5 - - - | 0 3 3 2 1 6 5 6 5 (6 5 6)
又唱《黄桥烧饼 歌》, 唱翠了银杏 林哟,
又唱《黄桥烧饼 歌》, 唱热了双拥潮哟,

0 6 6 5 3 2 1 2. 0 | 0 2 2 3 5. 6 | i. 7 6 7 5 6 6.
唱欢了龙河渡, 唱红了军民鱼水 情哟,
唱醉了丰收果, 唱美了军民共建 潮哟,

2 2 3 5 6 5 6 2 3 | 3 2 1. 1 - | i. 1 7 6 7 5 - | 1 1 6 6 5 5 -
唱得人心头 闹火, 明天是凯歌, 今天是新曲,
唱得人豪情满 心窝.

6. 6 5 4 3 2 | 2 2 1 7 6 3 - | 3. 3 2 1 6 6 5 5 | 6. 6 6 6 4 3 2 2
唱奋进歌, 激荡你和我, 明天接着今天 唱, 唱得家乡日不落,

0 3 3 2 1 i 7 6 5 | 6. 6 - | 2. 2 2 5 3 2 3 | 3 2 1. 1 -
明天接着今人 唱哟, 唱得家乡日不 落.

rit....结束句   回原速

2. 2 2 3 6 6 5 - - - | 5 3 2 3. 5 3 | 3 2 1 6 3 2.
唱得家乡日不 落.(童伴)黄桥 烧 饼黄 又 黄哎,

5 5 6 1 2 3 | 2 1 6 1 - | 6 5 5 - | 5 - ‖
黄黄的烧 饼慰 劳忙 (咏).

又唱《黄桥烧饼歌》（2）

华 也词
蒋兆兵曲

1=F 4/4
♩=90 自豪地 民谣风

老歌："黄桥烧饼黄又黄，黄黄烧饼慰劳忙。烧饼要用热火烤，军队要靠老百姓来帮。同志们呀吃个饱，多打胜仗多缴枪！"

都说黄桥是个好地方，黄桥烧饼味道香又香，
都说黄桥名声传四方，黄桥烧饼歌声多嘹亮，

当年老百姓用它充军粮呀，好让那人民军队打胜仗。
当年子弟兵爱唱这首歌呀，留下了一段佳话回味长。

黄桥烧饼歌如今还在唱，唱美了一方好山水，
黄桥烧饼歌如今还在唱，唱醉了一片新天地，

（结束句 渐慢）
唱不尽峥嵘岁月历沧桑。
唱不尽军民鱼水情意长。唱不尽军民鱼水情意长。

【作者简介】

华也，中国音乐家协会会员、中国音乐文学学会常务理事、江苏省音乐文学学会副主席；蒋兆兵，江苏省泰兴市音乐家协会会员，泰兴市音乐文学学会会员。

后记

黄桥烧饼有其辉煌的历史,得到了老一辈革命家、开国元勋的由衷喜爱。黄桥烧饼源于何时虽无确切的文字记载,但与古镇千年的历史相伴相生。现如今,其产品已遍布大江南北,成为老少咸宜的大众食品,也是黄桥重要的富民产业。黄桥烧饼是江苏省非物质文化遗产名录产品,对其传承和保护的责任重大。为挖掘黄桥烧饼的发展历史,寻觅浸润其中的乡愁记忆,找到其发展壮大的成功密码,开拓文旅融合发展新路,我们决定编纂《黄桥烧饼》,让更多的人了解黄桥烧饼,喜爱黄桥烧饼,发展创新黄桥烧饼。

《黄桥烧饼》一书,向读者展示了黄桥烧饼的品牌与历史、传承与特色、发展与前景。书中有些名篇原文录入其中,既为本书添彩,更为黄桥烧饼增辉。在编纂过程中,我们深知自己历史文化知识储备不足,对黄桥烧饼的认识还不够深刻,但我们始终坚持认为这是一件有意义的事,先把此事做成,既为以后想做此事的人积累一些资料,也为产业发展提供一些经验借鉴。

为了本书的编纂工作顺利完成,我们特聘请了中国餐饮文化大师、南京旅游职业学院邵万宽教授担任执行主编，展开书稿的统筹、整理和编辑工作，整个编纂工作得到了黄桥镇政府领导的关心，得到了省餐饮行业协会领导及饮食文化专委会专家们的帮助，得到了社会各界知名人士和各位作者的大力支持。在此，我们代表江苏省黄桥烧饼研究院和泰兴市黄桥烧饼协会一并表示衷心的感谢！

由于时间仓促，本书的组织安排和编纂还有许多不足之处，敬请各位同行和广大读者提出宝贵意见！

江苏省黄桥烧饼研究院院长　朱昌进

江苏省泰兴市黄桥烧饼协会会长　何　健

2023 年 10 月